Arthur Adamov

La Parodie

Édition présentée,
établie et annotée
par Marie-Claude Hubert
Professeur à l'Université de Provence

Gallimard

5007323 52

PRÉFACE

« La Parodie *est la première pièce que j'ai écrite* », *confie Adamov dans la revue* Arts, *en 1952, lors de la création.* « *Puisqu'il est habituel de justifier un titre, je dirai que le titre m'a été imposé avant la pièce elle-même. Quelle parodie ? Parodie de quoi ? Je pourrais dire parodie de tout, mais ce qui m'a surtout frappé, c'est moins l'absence de consistance des rapports humains, des situations, des sentiments, que le fait que personne ne la ressent et ne semble en souffrir. L'ai-je ressentie plus violemment qu'un autre ? Je n'en sais rien, mais j'ai vu certaines choses.* »

Dans La Parodie, *comme dans ses œuvres ultérieures, Adamov exprime le sentiment qu'il éprouve face à une existence tristement dérisoire où tout n'est que* « *parodie* ». *C'est en communiquant ce sentiment au spectateur qu'il a, nous allons le voir, révolutionné la scène française.*

Les années cinquante

« *Quelle belle époque que celle des années cinquante !
Nous nous faisions tous, Serreau, Roche, Blin bien
sûr, d'autres, moi-même, une idée à peu près semblable
de ce que devait être le théâtre. Nous étions les auteurs,
les acteurs, les metteurs en scène de l'avant-garde opé-
rante, face au vieux théâtre dialogué condamné* »,
écrit-il dans son journal L'Homme et l'Enfant.

Une dizaine d'années après L'Aveu, *commencé en
1938, essai autobiographique salué par Artaud comme
un chef-d'œuvre car l'écrivain s'y met à nu, livrant
ses obsessions les plus intimes, ses hantises les plus
secrètes, Adamov fait son entrée sur la scène française,
dans l'immédiat après-guerre, en même temps que Beckett et Ionesco dont il est alors très proche, tant par l'irréalisme de son écriture que par sa défiance vis-à-vis
du langage. Sa première pièce,* La Parodie, *écrite en
1947, est mise en scène en 1952 par Roger Blin, après*
La Grande et la Petite Manœuvre, *sa deuxième
pièce, qui a été créée en 1950. Ionesco vient tout juste
de se révéler au public, donnant* La Cantatrice
chauve *en mai 1950, puis* La Leçon *quelques mois
après, tandis que Beckett sera découvert en 1953 avec*
En attendant Godot. *Les noms des trois auteurs
sont aussitôt associés par les critiques car ils apparaissent comme les créateurs d'un théâtre radicalement
neuf. Adamov n'a, dans ces années cinquante, que
peu de contacts personnels avec Beckett qui s'enferme
dans une solitude farouche ; par contre, il fréquente*

pendant deux ans Ionesco qu'il a rencontré à Paris en 1950 : « Lemarchand conseille à Ionesco de venir me voir, il vient », *écrit-il dans* L'Homme et l'Enfant, « son côté "bébé fou" me touche et, il aime La Parodie, j'aime Les Chaises, nous devenons amis, le resterons deux ans. » *Leur théâtre, qui rompt avec toutes les conventions antérieures, n'entraîne guère alors l'adhésion du public qui boude les spectacles. Aussi Adamov prend-il la défense de Ionesco dans* Arts. *L'entente entre les deux auteurs dramatiques est toutefois de courte durée.* « Je me brouille avec Ionesco », *dit-il dans son journal,* « pour des raisons qui me sont jusqu'à présent restées incompréhensibles. »

Même si chacun de ces trois auteurs dramatiques fait cavalier seul, ils participent tous trois à la création de l'avant-garde.

Premières influences

Par ses origines russes, Adamov est tourné vers la culture de l'Europe du Nord. Rien d'étonnant à ce que l'influence de Strindberg soit pour lui déterminante. Cette œuvre le hante depuis 1927 où il assiste, ébloui, à la première du Songe *en France, au Théâtre Alfred-Jarry, dans la mise en scène d'Antonin Artaud, comme il en témoigne dans* L'Homme et l'Enfant. « Je crois bien que c'est Strindberg, ou plus exactement Le Songe, qui m'a incité à écrire pour le théâtre », *confiera-t-il plus tard, en 1955, au début de l'essai qu'il consacre à Strindberg. Ce qu'Adamov aime chez Strindberg, c'est à la fois sa conception onirique du théâtre, située aux antipodes du naturalisme ambiant qui sévit alors sur les scènes parisiennes, et la violence extrême qui sous-tend les relations entre les personnages. Le thème de la faute, qui le renvoie à une hantise personnelle que lui-même tentera d'exorciser à la scène, le fascine chez Strindberg. Dès* La Parodie, *Adamov prend Strindberg comme modèle, centrant sa pièce sur la tyrannie qu'exercent les êtres les uns sur les autres. «Dans ma première pièce,* La Parodie, *je me suis largement inspiré de Strindberg», écrit-il dans* Ici et maintenant. *L'Employé, en effet, hérite de certains traits de l'Officier du* Songe *qui attend inlassablement, tout au long de la pièce, Mademoiselle Victoria, sa fiancée, comme lui-même poursuit vainement Lili. Il subit une transformation analogue à celle de l'Officier qui, jeune et resplendissant dans son costume de marié, au début de la pièce, est une image de bonheur, mais qui, bien vite, porte les stigmates d'un vieillissement prématuré, avec sa barbe et ses cheveux blancs, ses vêtements en loques. En outre, l'une des répliques de N. («elle viendra, elle ne peut pas ne pas venir»), reprenant textuellement l'un des propos de l'Officier, apparaît comme un discret hommage à Strindberg. Cette passion pour Strindberg ne faiblira pas, et poussera Adamov à traduire plusieurs de ses pièces, notamment* Le Pélican *et* Père.

La lecture de Kafka, qu'Adamov gardera toujours en mémoire, fut également un grand choc. «Pourquoi Kafka fut-il, durant une grande partie de mon existence, le seul grand écrivain du XXᵉ siècle, l'être incomparable?» s'interroge-t-il dans les dernières années de sa vie, en août 1967, dans L'Homme *et* l'Enfant, *lorsqu'il pressent qu'il n'est pas loin du terme fatal. Cette passion pour Kafka a certainement fondé la grande amitié qui l'a lié dès 1935 à Marthe Robert qui a contribué par ses écrits à la diffusion de l'œuvre de Kafka en France. En 1947, l'année même où il écrit* La Parodie, *il assiste au* Procès, *dans la mise en scène de Jean-Louis Barrault, faite à partir de l'adaptation d'André Gide. Aussi transparaissent spontanément sous sa plume, dans* La Parodie, *deux allusions directes à Kafka, l'une à la nouvelle intitulée* Devant la loi, *textuellement citée à travers les propos du Journaliste-avocat à l'Employé (« Vous êtes insatiable »), et l'autre au* Procès, *roman auquel Adamov emprunte la situation de l'Employé emprisonné qui questionne vainement l'avocat. Esprit torturé comme Kafka, Adamov s'interroge dans toute son œuvre sur le caractère énigmatique et impitoyable de la loi, sur la faute inconnue dont l'homme subit inexorablement le châtiment.*

Une troisième influence, décisive, est celle d'Artaud avec qui Adamov est très lié. Il l'a rencontré en 1924, dès son arrivée à Paris, et sera l'un de ses amis les plus fidèles jusqu'à sa mort, luttant, avec Marthe Robert, lors de l'internement à Rodez, pour l'arracher à l'asile. La cruauté de certaines de ses pièces, notamment de La Grande *et la* Petite Manœuvre *(1950), s'inscrit dans la lignée d'Artaud. C'est ainsi que, « nourri du* Théâtre et son double, *écœuré surtout par les pièces dites psychologiques », comme il l'affirme lui-même dans la « Note préliminaire » qu'il rédige en 1955 pour le deuxième tome de son* Théâtre, *il écrit ses premières pièces. C'est un rapport au réel bien particulier qui s'y exprime, de la* Parodie *publiée en 1950 aux*

*Retrouvailles (1954), rapport qui témoigne de la dif-
ficulté de l'être à se repérer dans un monde qui, par
son opacité, lui échappe. Cette difficulté à discerner le
réel de l'imaginaire s'accompagne d'un double fléau.
Le langage isole le personnage dans sa solitude, et le
corps, qu'il lui est malaisé de protéger, est alors blessé
par les coups que lui infligent ses partenaires. Le malheur vient tout autant de la femme aimée, comme
la perverse Erna dans* La Grande et la Petite
Manœuvre, *que des figures parentales, comme la
Mère, diaboliquement possessive, dans* L'Invasion,
Les Retrouvailles, Comme nous avons été, *ou
comme le Père tyrannique du* Sens de la marche. *Ce
théâtre crie de façon pathétique le drame de l'homme
moderne, à la fois enfermé dans une solitude extrême et
persécuté par le monde extérieur dans lequel il se perd.*

L'itinéraire ultérieur

Le Ping-Pong, *écrit en 1954, marque un tournant dans l'œuvre d'Adamov. Pour des raisons idéo-
logiques, il désavoue ses pièces antérieures et critique le
théâtre non engagé de Ionesco et de Beckett.* « Hiver 54.
Depuis longtemps déjà, les critiques avaient accouplé
mon nom à ceux de Beckett et Ionesco », *écrit-il dans*
L'Homme et l'Enfant. *« Nous étions tous les trois
d'origine étrangère, nous avions tous les trois troublé
la quiétude du vieux théâtre bourgeois. La tentation
était forte, ils y succombèrent. Je mentirais en disant
que notre "troïka" ne me causa pas les premiers temps
un certain plaisir. J'avais beau rester brouillé avec*

Ionesco, ne voir Beckett que dans de rarissimes occasions, je n'étais plus seul, je faisais partie d'une "bande". Mes vœux enfantins étaient comblés. Il me semblait aussi que de la sorte je pourrais plus facilement remporter la victoire. Mais peu à peu, écrivant Le Ping-Pong, *je commençais à juger avec sévérité mes premières pièces et, très sincèrement, je critiquais* En attendant Godot *et* Les Chaises *pour les mêmes raisons. Je voyais déjà dans "l'avant-garde" une échappatoire facile, une diversion aux problèmes réels [...]* »

L'ouvrage consacré à Strindberg en 1955, au moment où l'œuvre d'Adamov prend une orientation nouvelle, apparaît rétrospectivement comme un dernier hommage. Ce texte est aussi le lieu d'un bilan explicite. À travers cette étude, Adamov fait le point sur son parcours personnel, sur ses propres conceptions de la dramaturgie. Huit ans plus tard, lorsqu'il s'est résolument engagé dans un théâtre politique, voici ce qu'il déclare à propos de Strindberg, dans les Entretiens avec Maurice Gravier, *diffusés par France-Culture en mars 1963 :*

Pourquoi je m'en suis éloigné ? Comment dire ? C'est qu'il y a tout un pan de choses que je ne trouve pas dans Strindberg aujourd'hui. Comprenez-moi bien, je trouvais des choses merveilleuses dans *La Sonate*, mais il y a quand même une vie sociale, pour employer le mot, une vie réelle dont il faut tenir compte.

[...] Il me semble que ce qui reste pour moi de Strindberg comme valable, c'est que, tout à coup, continuellement, dans chaque moment, aussi bien dans les pièces dites naturalistes que dans les pièces dites oniriques, il se passe quelque chose... il se passe toujours une sorte de geste, de mouvement scénique, il y a une rupture à l'intérieur de chaque scène, qui donne des paliers différents.

La découverte de Brecht inaugure cette deuxième période de l'écriture adamovienne. Alors qu'il est en train de composer Le Ping-Pong, *Adamov découvre avec une profonde admiration le* Berliner Ensemble *qui se produit pour la première fois à Paris en 1954. Il ne tarit pas d'éloges à l'égard de Brecht qu'il n'aura l'occasion de rencontrer qu'une seule fois, pendant l'hiver 1958-1959, malheureusement peu de temps avant sa mort :*

[...] Brecht, le plus grand écrivain de théâtre du siècle, mais que j'ai connu à peine, avec qui j'ai passé seulement un après-midi, quand il était déjà alité, malade. Beaucoup parlé de Büchner.

Dès lors, c'est sur l'aliénation sociale qu'Adamov met l'accent, empruntant certains thèmes à Brecht. Avec Paolo Paoli *(1957), c'est la toute-puissance du capitalisme qu'il dénonce. Dans* Le Printemps 71 *(1960), il s'inspire directement des* Jours de la Commune *de Brecht. Dans* La Politique des restes, *pièce écrite en 1961, il met en scène un thème semblable à celui d'une autre pièce du dramaturge allemand,* L'Exception et la Règle, *fustigeant la justice de classe qui acquitte le patron pour le meurtre de l'un de ses ouvriers. Il utilise également alors bon nombre des procédés dramaturgiques brechtiens, faisant interférer constamment drame individuel et drame collectif. Ainsi, dans* La Politique

des restes, *la folie et le meurtre de Johnnie se mêlent à
l'histoire collective que le Docteur essaie à chaque instant d'évoquer, la situation anormale des Blancs dans
un pays noir. Comme Brecht, Adamov fait alterner parfois chants et passages récités. Dès* L'Agence universelle, *pièce radiophonique écrite un an avant* Le
Ping-Pong *et diffusée par France-Culture en 1953, où
tout est traité sur un mode burlesque, les secrétaires
répondent en chantant au téléphone et les deux jeunes
gens, qui préfigurent Arthur et Victor, les deux protagonistes du* Ping-Pong, *expriment souvent leur point de
vue en couplets chantés. Les personnages récitants
d'Adamov, tel « M. le Prologue » dans* Sainte Europe
(1966), *viennent tout droit de Brecht, tout comme l'uti-
lisation de pancartes, de projections cinématogra-
phiques, destinées à informer le spectateur.*

Cette écriture nouvelle correspond à une période
d'engagement politique. Adamov prend des positions
très nettes devant les événements majeurs auxquels il
assiste, la mort de Staline, le début de la guerre d'Algérie, l'arrivée au pouvoir du Général de Gaulle. Sollicité par Aragon, il entre au bureau du Comité
national des écrivains, puis manifeste avec Sartre et
Simone de Beauvoir contre la politique gaulliste.
Entre le 13 mai 1958 et le référendum du 29 septembre, il écrit trois courtes pièces pamphlétaires. Le
titre des deux premières, Théâtre de Société, *est
révélateur de cette orientation nouvelle. La première,*
Intimité, *datée de juin, est une attaque virulente
contre de Gaulle et sa solidarité avec « le grand capital ». La deuxième saynète,* Je ne suis pas français,
écrite en juillet, est une satire mordante de la préten-

due fraternisation franco-musulmane. La troisième,
Les Apolitiques, *datée du 30 mai 1958, a pour
cadre les événements qui ont suivi le 13 mai. Le
théâtre apparaît alors comme une réponse directe à
l'actualité politique. En 1960, Adamov signe le*
Manifeste des 121. *Huit ans plus tard, le fragment
resté inédit,* Les Deux Marie, *écrit entre le 3 et le
5 octobre 1968, se fera l'écho des événements de Tchécoslovaquie qui bouleversèrent l'artiste.*

*À la fin de sa vie, et surtout dans ses trois dernières
pièces,* M. le Modéré *(1968),* Off Limits *(1969) et*
Si l'été revenait *(1970), Adamov, désireux de porter au théâtre à la fois les fantasmes qui détruisent
l'individu et la société qui le broie, concilie ses deux
orientations antérieures. Miné par sa névrose, hanté
par le suicide, il se tourne à nouveau vers le monde
insondable de la psyché. Son intérêt le porte alors vers
Tchekhov dont il a fait de nombreuses traductions. Ce
qui l'attire vers cette œuvre, c'est l'impossibilité des
personnages, torturés par leurs souvenirs, par leurs
regrets, à vivre dans le présent. «Mes visées, ce serait,
dans l'idéal, d'arriver dans une pièce à une assimila-
tion étrange, insolite pour nous, du monde onirique
et du monde social, politique enfin. Et arriver à faire
coïncider ces éléments, c'est très difficile… C'est très difficile de trouver la ligne juste pour pouvoir dépeindre
les tourments bizarres, embrouillés de l'homme et les
lois bien simples de l'offre et de la demande selon la
théorie marxiste. Et pourtant, je ne veux sacrifier ni
l'un ni l'autre», déclare-t-il dans un entretien avec
A. Delcamps en septembre 1969, publié dans* Les

Cahiers Théâtre Louvain *(n° 9). Sa mort brutale, en 1970, interrompt prématurément cette troisième partie de son œuvre, fascinante et prometteuse.*

Un théâtre onirique

L'onirisme qui baigne les pièces d'Adamov leur confère, au sens freudien du terme, une « inquiétante étrangeté ». Comme plusieurs auteurs dramatiques de l'avant-garde, Ionesco, Weingarten, Dubillard, par exemple, il trouve dans ses rêves une source d'inspiration féconde. Le rêve se prête à la représentation théâtrale d'autant mieux que « la pensée du rêve est presque toute faite d'images », selon l'affirmation de Freud qui déclare dans L'Interprétation des rêves *:*

Le rêve pense donc souvent par images visuelles, mais il n'exclut pas les autres images. Il emploie aussi les images auditives, et, dans une mesure plus restreinte, des impressions provenant des autres sens […]. Le rêve organise ces images en scènes [1].

Certaines pièces d'Adamov dans lesquelles l'écriture a joué certainement une fonction cathartique sont la transcription littérale de rêves. Dans Le Professeur Taranne *(1953), il s'est attaché à porter son rêve au théâtre, sans opérer de grandes modifications : «* Le Professeur Taranne *fut pour moi un événement », confie-t-il dans* Ici et maintenant, *« car pour la première fois, je transcrivais seulement un rêve, sans*

1. Freud, *L'Interprétation des rêves*, P.U.F., 1967, p. 51-52.

*chercher à lui conférer un sens général, sans vouloir
rien prouver, sans vouloir ajouter à la disculpation
vraisemblablement contenue dans le rêve lui-même,
une disculpation intellectuelle. »*

La pièce est écrite en deux jours et trois nuits sous le
coup de l'impression forte qu'a laissée le rêve. Tous les
éléments (sauf la scène du commissariat), voire certaines phrases, sont contenus dans le rêve : « La facilité
effarante avec laquelle j'ai fait parler le professeur
Taranne », s'exclame-t-il dans L'Homme et l'Enfant. « Nos rêves seraient-ils plus détaillés, plus circons-
tanciés que nous ne l'imaginons ? Les quelques rares
phrases que nous gardons en mémoire seraient-elles seulement les tronçons d'un grand discours oublié ? »

Adamov a toujours été fasciné par ses propres rêves,
par ce monde de l'inconscient qui se révèle brutalement
à la personne : « Mais nulle part autant que dans le
rêve du sommeil, dans le grand espace creux de derrière nos nuits », écrit-il dans Je… Ils…, ouvrage
dans lequel il rassemble, comme suite à L'Aveu, un
certain nombre d'écrits autobiographiques, « le monde
ne révèle plus visiblement son âme, c'est-à-dire ce qui
l'anime, son mouvement. La veille, c'est la création
manifestée, l'affirmation par le rêve de la vie dans le
jour. Mais le rêve, c'est le grand moment silencieux de
l'âme au long des nuits. C'est dans le silence du rêve,
quand rien ne vient plus distraire l'attention angois-
sée du dormeur, que le sens du mouvement émerge
dans toute sa pureté ».

S'il est attiré par la richesse de ses rêves, Adamov
toutefois est bouleversé par les découvertes qu'ils lui
permettent de faire sur lui-même, et par l'intrusion

croissante, à mesure que sa névrose s'aggrave, de ses fantasmes dans la réalité. En janvier 1966, il note avec épouvante dans L'Homme et l'Enfant : *« Rêves de la nuit qui m'effraient, ils ont déjà tendance à se mélanger avec la vie éveillée. »*

Dans les années 1963-1966, période où il se sent très mal, Adamov entreprend une psychothérapie qui n'apportera pas le soulagement escompté. Bien au contraire, l'espoir de guérison placé dans ce traitement ira s'amenuisant : « Mes séances avec le docteur L. continuent. L'une d'elles me bouleverse. Il me semble soudain comprendre concrètement *tout ce que, jusqu'ici, je n'avais compris que dans l'abstrait. Mais très vite, mes frayeurs redoublent, mes rêves se font de plus en plus menaçants. Je crains de devenir fou »*, confie-t-il dans L'Homme et l'Enfant.

C'est pourquoi Adamov s'efforce alors d'établir au théâtre une frontière nette entre le monde réel et le rêve, alors qu'elle était confuse dans ses premières pièces. Dans la dernière, Si l'été revenait, *où il porte à la scène le personnage du rêveur, il prend soin de distinguer le plus nettement possible rêve et réalité, grâce à une division tripartite de l'espace scénique. La pièce se présente comme une succession de quatre rêves. L'extrémité droite de la scène est réservée au dormeur. Le début de chaque rêve est nettement marqué par le fait que le personnage, après avoir parcouru la scène, s'étend un moment, à l'extrémité droite de la scène, la joue appuyée sur la main, mimant le sommeil. Son rêve proprement dit ne commence que lorsqu'il se lève et parle. La scène elle-même est « le lieu manifeste du rêve » où les personnages jouent et par-*

*lent, tandis que la partie gauche, réservée au jeu muet
qui se surajoute au jeu parlé, « est en quelque sorte »,
aux dires mêmes d'Adamov, « le rêve latent de chacun ». C'est là que les personnages, en silence et par
le mime exclusivement, « se livrent aux occupations
que leur prête le rêveur ». Adamov représente les deux
niveaux du rêve, dans des scènes simultanées où l'opposition dramaturgique jeu muet/jeu parlé symbolise
l'opposition psychanalytique entre le contenu manifeste du rêve, verbalisé dans le récit, et le contenu
latent, refoulé. À la fin de sa vie, Adamov éprouve le
sentiment que ses fantasmes envahissent de plus en
plus sa conscience, formant un écran entre les autres
et lui-même. Cette frontière qu'il établit entre le réel et
l'imaginaire témoigne, de sa part, d'une volonté de se
protéger contre l'irruption des matériaux fantasma-
tiques trop angoissants. L'ambiguïté qui régnait dans
les premières pièces a disparu parce qu'elle était insupportable à son créateur.*

Le rapport au langage

*Cette ambiguïté du monde, dont le rêve nous donne
une conscience aiguë, c'est d'abord au cœur du langage qu'Adamov, très proche par là de Beckett et de
Ionesco, la perçoit. Son œuvre est celle d'un homme
qui, placé au carrefour de trois cultures, russe, arménienne, française, s'est senti étranger partout. Victime, à différents moments de sa vie, de phénomènes de
xénophobie, dépossédé, par l'exil, de ses origines, il a
toujours éprouvé un malaise face à l'étrangeté consti-*

*tutive du langage. Comment se faire entendre ? Telle
est la question essentielle que nous pose ce théâtre.*

*Né en 1908 dans le Caucase de parents russes armé-
niens, Adamov a parlé quelque temps cette langue,
dans sa petite enfance passée à Bakou. « On raconte
aussi qu'à ma naissance je bégayai quelque chose
qui ressemblait au mot arménien* inghé *(dans quel
trou suis-je tombé là ?) », note-t-il dans* L'Homme et
l'Enfant.

*Comme tous les enfants de la haute société russe,
il a appris le français très tôt, passant ses premières
années, comme il le dit lui-même, « entouré d'un peuple
de servantes : [sa] gouvernante arménienne, [sa]
"demoiselle française", [sa] nourrice Macha ».*

*À maintes reprises, au cours de son existence, Ada-
mov a été témoin de drames sociaux. Pendant son
enfance à Bakou, la famille vit dans la terreur du mouvement nationaliste arménien. Son père est alors blessé
par les* dachnaks *(membres du mouvement nationaliste arménien) qui ensuite menacent d'enlever sa sœur.
À partir de ce moment-là, « un Cosaque de louage la
gardera, la protégera ». En juin 1914, la famille, qui
a quitté le Caucase pour des vacances, est surprise en
Allemagne par la guerre et doit fuir en Suisse, à
Genève, où elle se fixe jusqu'en 1922. C'est avec hor-
reur qu'Adamov décrit ces huit années pendant lesquelles il se sent rejeté : « On nous nomme "macaques",
on nous accuse de manger "le pain suisse" », écrit-il
dans* L'Homme et l'Enfant. *« La xénophobie poussée jusqu'à l'outrecuidance. Un soir, Dicker*[1] *et moi*

---

1. Dicker est l'un de ses camarades.

lisons à une vitrine [...] : "ici, on souscrit contre les étrangers." Fous de rage, nous brisons la vitrine, fuyons sur nos vélos. »

Adamov a seize ans, lorsque en 1924, après deux années passées en Allemagne, ses parents s'installent à Paris. Désormais, il ne quittera plus la France et écrira toute son œuvre en français, qu'il s'agisse du théâtre ou de l'autobiographie. Selon les témoignages de Roger Blin et de sa femme, Jacqueline Autrusseau, il avait gardé un léger accent très particulier qui rappelait son origine russe. Lui dont la hantise avait toujours été de s'imposer en France, considérait le français comme sa langue d'adoption : « *Triompher dans son propre travail et dans son propre pays, le pays de la langue dans laquelle on écrit.* »

Plus tard, lorsque éclate la Seconde Guerre mondiale, il assiste à des rafles terrifiantes dont le souvenir hantera son théâtre dès La Parodie : « *Rafle, un jour que je me promène seul* », note-t-il dans L'Homme et l'Enfant. « *Tous les locaux de la police sont bondés, j'échoue au grand théâtre*[1] *où je passe la nuit au milieu d'un décor de* Lorenzaccio. *Beaucoup de juifs. De temps à autre, un flic surgit dans la pénombre, crie des noms étrangers qu'il écorche, les surnommés s'alignent et immobiles, silencieux, résignés, attendent.* »

C'est en 1941, lorsqu'il est arrêté et interné dans « le centre d'hébergement » d'Argelès, qu'il ressent le plus douloureusement la violence et les phénomènes d'exclusion engendrés par la guerre.

Cette position d'étranger, qui fut toujours celle

---

1. Il s'agit du Théâtre du Gymnase à Marseille.

d'Adamov, explique partiellement sa suspicion vis-à-
vis du langage qui, selon lui, ne peut que renvoyer
l'homme à sa solitude. « Cette époque », écrit-il en
1938 dans L'Aveu, « est marquée par la mort. Les
mots succèdent à la loi commune. Il est lugubre de
penser au sort dénaturé de la plupart des mots, à l'ef-
froyable déperdition de sens qu'ils ont subie. Privés de
l'influx de forces qui les faisait resplendir autrefois,
ils ne sont plus que des fantômes d'eux-mêmes. La
déchéance du langage à notre époque est la mesure de
notre ignominie. »

La problématique des années cinquante, marquée
par la psychanalyse qui est venue montrer la position d'extériorité de l'être par rapport au langage,
ne pouvait que renforcer ce sentiment. Dans L'Invasion, l'impossibilité de saisir un sens dans le langage
constitue le drame. Pierre meurt pour n'avoir pas pu
mettre au clair le manuscrit écrit par son beau-frère.
Lui-même n'est jamais sûr du sens d'un mot et s'interroge en permanence : « Il n'y a pas encore si longtemps, dit-il, je ne pouvais même pas aller jusqu'au
bout d'une phrase ; je me torturais pendant des heures
avec les questions les plus simples. (Détachant ses
mots). Pourquoi dit-on : "Il arrive" ? Qui est-ce "il",
que veut-il de moi ? Pourquoi dit-on "par" terre plutôt
que "à" ou "sur" ? J'ai perdu trop de temps à réfléchir
sur ces choses. (Pause). Ce qu'il me faut, ce n'est pas
le sens des mots, c'est leur volume et leur corps mou-
vant. (Pause). Je ne chercherai plus rien. J'attendrai
dans le silence, immobile. Je deviendrai très attentif. »

La plupart des auteurs dramatiques des années
cinquante ont mis en question le langage dans sa

fonction de communication, qu'ils soient étrangers eux aussi, comme Ionesco, Beckett ou Schéhadé, ou français comme Jean Tardieu ou Romain Weingarten. Toutefois la position d'Adamov est originale. Malgré cette défiance à l'encontre du langage, il est convaincu, tel Valéry qui redonne parfois aux mots de ses poèmes leur sens originel perdu, que l'étymologie permettra de retrouver le sens caché des mots, de redonner vie au langage : «Je persiste à attendre de l'étymologie des révélations perpétuelles», écrit-il en 1943 dans son introduction à L'Aveu.

Ainsi s'exprime le mythe des origines d'un homme qui s'est toujours senti spolié de toute appartenance. C'est ce qui l'a poussé à accomplir une œuvre immense de traducteur. Tout en faisant découvrir aux lecteurs français les grands auteurs russes dont il était nourri, Tchekhov, Gontcharov, Gorki, Gogol, Dostoïevski, ainsi que certains allemands comme Büchner, Kleist, Max Frisch, Rilke, Jung, il espérait, dans ce travail sur la langue, découvrir des secrets perdus.

Constatant, comme Beckett et Ionesco, la difficulté du langage à assurer sa fonction de communication, Adamov fut bien conscient de la nécessité de transformer le système des répliques. «[...] je dus me résoudre à prendre, dans L'Invasion, *un sujet particulier», explique-t-il dans* Ici et maintenant. *«Le cadre ne serait plus le monde, mais une chambre, les personnages ne seraient plus des types mais des gens. Seulement les gens, placés dans une même chambre ne peuvent plus soliloquer; je fus donc bien obligé de faire converser Pierre, Agnès, la Mère, le Premier venu, etc. Mais je n'abandonnai pas l'idée maîtresse de* La

Parodie : *personne n'entend personne. Je trouvai vexant que moi, qui avais si bien démonté l'impossibilité de toute conversation, je fusse obligé d'écrire, tout comme un autre, de simples dialogues. J'eus alors recours à un stratagème : oui, ils parleront, chacun entendra ce que dira l'autre, mais l'autre ne dira pas ce qu'il aura à dire [...]. Je cherchai des phrases clefs qui, apparemment, se rapporteraient à la vie quotidienne, mais au fond, signifieraient toute autre chose.* »

L'œuvre d'Adamov se caractérise par une série de faux dialogues où chacun suit son idée, où les êtres, comme dans les tableaux de Hopper, se regardent sans se voir. Dans La Parodie, *lorsque l'Employé et N. se rencontrent, ils soliloquent sans vraiment se parler. C'est cette impossibilité des êtres à sortir d'eux-mêmes dont la pièce nous fait part. Adamov n'écrit-il pas lors de la création, dans* Arts, *en juin 1952 : «J'ai vu tous les lieux où les hommes se rencontrent sans se voir, se côtoient sans se toucher, se touchent sans se comprendre, et c'est cela qui m'a donné une image vivante de la* scène[1]. *En se rencontrant sans se voir, on se parle pourtant, et c'est le sentiment de cette étrange résistance du langage qui m'a donné envie d'écrire des dialogues. Les conversations de* La Parodie *sont une démarcation exacte de ce qui n'est pas seulement un langage de sourds, mais, la plupart du temps, la seule communication dont nous disposions. On ne s'étonnera pas de voir, pour une fois, les personnages d'une pièce agir conformément à leur situa-*

---

1. C'est Adamov qui met le terme en italique.

tion véritable, livrant aux yeux de tous le spectacle criard de leur aveuglement. »

La Parodie, métaphore de l'aveuglement humain

Adamov, qui s'est expliqué à plusieurs reprises sur la genèse de La Parodie, *confie que c'est l'observation de scènes de rue, dans leur théâtralité, qui l'a poussé à écrire pour le théâtre et qu'il a voulu y retracer la solitude et l'aveuglement de l'homme dont il était à tout instant le témoin. « [...] je découvrais, dans les scènes les plus quotidiennes, en particulier celles de la rue, des scènes de théâtre », écrit-il dans la « Note préliminaire » de 1955 (parue dans* Théâtre II). *« Ce qui me frappait alors surtout, c'était le défilé des passants, la solitude dans le côtoiement, l'effarante diversité des propos, dont je me plaisais à n'entendre que des bribes, celles-ci me semblant devoir constituer, liées à d'autres bribes, un ensemble dont le caractère fragmentaire garantissait la vérité symbolique.*

»Tout cela serait peut-être resté prétexte à réflexions vagues si, un jour, je n'avais été témoin d'un incident en apparence très insignifiant, mais dont je me dis aussitôt : "C'est cela le théâtre, c'est cela que je veux faire." Un aveugle demandait l'aumône ; deux jeunes filles passèrent près de lui sans le voir, le bousculèrent par mégarde ; elles chantaient : "J'ai fermé les yeux, c'était merveilleux..." L'idée me vint alors de montrer sur la scène, le plus grossièrement et le plus visiblement possible, la solitude humaine, l'absence de

communication. Autrement dit, d'un phénomène vrai entre d'autres, je tirais une "métaphysique". Après trois ans de travail, et de multiples versions — dont la première mettait en scène l'aveugle lui-même! — ce fut La Parodie. »

C'est cet aveuglement que met en scène Adamov dès le Prologue, qui est un coup de génie. Comme dans celui de la tragédie antique, le drame y est posé dans son universalité tandis que les personnages y sont individuellement définis, et ne varieront plus. Le temps passera, ne les changeant en rien, sauf pour les vieillir. Adamov convie le spectateur à trois scènes simultanées, une scène muette uniquement pantomimique, une scène dialoguée et une scène en voix off qui se joue en coulisses. Nous assistons, sans en entendre les propos, à la dispute d'un premier couple qui stationne devant l'entrée d'une salle de spectacle où est annoncé « L'Amour vainqueur ». Dès que cet homme et cette femme ont pris place, ils sont remplacés par un autre couple, identique, qui adopte le même comportement. À travers ces silhouettes à peine esquissées, Adamov suggère que les couples, toujours et partout, répètent inexorablement les mêmes conflits et que leurs aspirations sont rapidement brisées. Courant au spectacle de « L'Amour vainqueur », ils ne peuvent que vivre la défaite de l'amour, spectacle que la pièce va donner à voir.

Tandis que le deuxième couple se dispute à son tour et que commence le spectacle auquel assiste le premier, on entend la conversation d'un ophtalmologiste et de son patient, personnages que l'on ne verra jamais. Ce qui frappe, à écouter cette consultation, c'est d'abord

*la froideur sévère du docteur qui ne fait que consta-
ter, impassible, un état de fait, la mauvaise vue du
patient, tel un médecin légiste enregistrant un décès,
puis son inconscience, voire son sadisme, lorsqu'il installe son client « dans le fond, tout au fond », alors que
ce dernier n'y voit que de près, attitude qui annonce
l'indifférence du Journaliste-avocat au dixième tableau,
face au désespoir de l'Employé dont il mesurera
d'ailleurs lui aussi la vue. Ces deux scènes, l'une
invisible, l'autre inaudible, symbolisent la misère de
l'homme qui, avançant à tâtons dans un monde hostile dont il ne connaît pas grand-chose, ne peut que se
repaître d'illusions.*

*Le ton ainsi donné, paraît l'Employé dont la liesse,
lorsqu'il admire la vue dégagée qu'offre la rue où il se
trouve, contraste avec ce sombre bilan inaugural :
« Ici au moins pas de maisons pour vous boucher la
vue », s'écrie-t-il. Il a beau n'y voir pas grand-chose, il
déclare pourtant : « Si le temps était plus clair, s'il ne
faisait pas aussi noir, on verrait certainement la campagne, on verrait très loin, aussi loin qu'on peut
voir », et il ajoute aussitôt : « La nuit est un peu obscure. Je ne vois pas bien. » Il s'illusionne, jusqu'à
nier la réalité, tout autant que les deux couples qui
espèrent trouver « l'amour vainqueur ». Alors qu'il
vient de se faire rabrouer vertement par le Commissionnaire à qui il a demandé l'heure, il n'en déclare
pas moins : « Heureusement que tout le monde ici est
obligeant. On m'indiquera certainement mon chemin. J'ai déjà bien trouvé cette horloge. » Scrutant
l'horloge sans aiguilles pour essayer de lire l'heure, il
va jusqu'à se convaincre qu'il les voit tourner. « En*

*effet, je distingue… Je distingue… […] Comme les
aiguilles tournent ! On les voit à peine, c'est peut-être
à cause de leur rapidité. Qui pourrait les suivre ? »*

Tristement prophétique, ce Prologue laisse prévoir
que l'Employé, dans son aveuglement, ne pourra pas
trouver son chemin dans la ville où il vient d'arriver.
Ne détenant pas les clefs de l'existence, il est condamné
à errer comme une épave. Son enthousiasme apparaît
d'emblée, dans sa fragilité, comme un terrible déni du
réel. Le personnage va être confronté par la suite à
toute une série d'échecs, dans sa relation amoureuse
comme dans son travail. Ce sera un moment particulièrement poignant que celui où le Journaliste-avocat,
annonçant à l'Employé incarcéré qu'ils se reverront à
l'audience, lui demande s'il y voit bien.

LE JOURNALISTE : […] Même si vous ne me voyez pas,
je serai là. Mais, au fait, êtes-vous sûr de bien voir ? *(Il
fait quelques pas à reculons en direction du public.)* Là, vous
me voyez ?

L'EMPLOYÉ, *se levant, le dos toujours au Journaliste et au
public* : Non, je ne vois pas.

LE JOURNALISTE, *se rapprochant d'un pas de l'Employé* :
Là, vous me voyez mieux ?

L'EMPLOYÉ : Non, je ne vois pas.

L'Employé, qui tourne alors le dos au Journaliste,
n'est pas capable d'analyser les raisons qui l'empê-
chent de voir et décide de se faire soigner dès sa sortie
de prison. « Mais c'est très ennuyeux, dit-il au Journaliste, ça peut me gêner beaucoup dans mes affaires.
Ça m'a peut-être gêné déjà, qui sait ? Il faut que je
vous remercie. Une des premières choses que je ferai*

*sera de me faire examiner les yeux. » Ce que souligne
Adamov, à travers la pitoyable naïveté de l'Employé,
c'est que ce n'est pas l'œil qui est en cause dans notre
vision du monde, mais notre regard intérieur, sorte de
délire interprétatif qui s'interpose comme un filtre
entre le réel et nous. Le remède n'est pas dans les
mains d'un ophtalmologiste, quand ce sont nos fantasmes qui déforment nos perceptions.*

*La Parodie témoigne d'une méditation phénomé-
nologique sur la nature fallacieuse de nos perceptions, identique à celle que livre Ionesco dans* Les
Chaises *où les Vieux, dans leur délire à deux, hallu-
cinent l'arrivée de leurs invités, ou semblable à celle
que mène Beckett dans* En Attendant Godot *où les
deux vagabonds se perdent sur une route, en attente
d'un homme qu'ils ne pourront même pas reconnaître
puisqu'ils ne l'ont jamais vu. De ce que nous croyons
percevoir, qu'est-ce qui est réel ? Telle est l'angoissante
question que posent, à très peu de temps d'intervalle,
les trois grands représentants de l'avant-garde. Toute
sa vie durant, Adamov a porté sur l'existence un
regard de phénoménologue, à l'instar de Merleau-
Ponty avec qui dès 1950 il est très lié, comme il le
dit lui-même dans* L'Homme et l'Enfant *: « 1951
[…]. Conversation avec Merleau-Ponty, qui ne comprend vraiment pas pourquoi Kafka, Marthe et
moi plaçons si haut Flaubert[1]. » Cette méditation
phénoménologique sur la faiblesse de nos perceptions
et sur le peu de crédibilité que nous pouvons leur*

---

1. Les italiques sont dans le texte. Il s'agit de Marthe
Robert.

accorder, Adamov la trouve déjà formulée chez Kafka, notamment dans la nouvelle Devant la loi, *où Kafka écrit, à propos du pauvre campagnard qui questionne le gardien des portes de la loi :* « *enfin sa vue faiblit et il ne sait vraiment pas s'il fait plus sombre autour de lui ou si ses yeux le trompent.* » *Adamov exprime lui-même douloureusement cette réflexion dès* L'Aveu, *une décennie avant d'écrire* La Parodie, *en ces termes :* « *L'essentiel est de voir. Voir non pas les choses mais à travers elles.*

» *De sa naissance à sa mort, au long des jours, l'homme ne voit presque rien. Les paupières entrouvertes sur le monde extérieur, il classe immédiatement ce qu'il voit dans des catégories toutes faites comme pour s'excuser de voir si mal et s'en débarrasser. Il dit : ceci est une chaise, ceci est un chien. Ainsi, il se dispense de voir.* [...]

» *Qui n'a été frappé de stupeur au cours d'une nuit, où il ne reconnaît plus rien d'un paysage pourtant familier.* »

L'errance dans une ville hostile

Désireux de faire ressentir au spectateur l'opacité du monde extérieur que nous ne regardons qu'en aveugle, Adamov fait évoluer ses personnages dans une ville labyrinthique dont l'étrangeté n'est pas sans rappeler celle de certaines villes de Vieira da Silva qui peignit les décors à la création de la pièce. Il situe en outre de nuit la plupart des scènes d'extérieur, l'obscurité devenant de plus en plus épaisse à mesure que la pièce

progresse. La ville est donnée à voir comme figura-
tion de l'existence dans laquelle l'homme est projeté
sans en connaître les lois. L'Employé qui, au septième
tableau, habite pourtant la ville depuis longtemps,
a beaucoup de mal à y trouver son chemin. «Je ne
reconnais rien, dit-il. Pourtant je ne rêve pas. Cette
rue ne ressemble à aucune autre.» Il n'a pas progressé
dans sa connaissance de la ville depuis l'époque où il
y arriva et où, jovial, il s'émerveillait, se réjouissant
de ce qui présentement l'afflige. Il exprimait alors en
des termes identiques un point de vue fort différent :
«Je ne rêve pas. Cette rue ne ressemble à aucune autre.
Elle ne me rappelle rien», s'exclamait-il au Prologue.
Le Journaliste souligne lui aussi la difficulté de se
repérer dans les quartiers neufs de la ville, disant à
l'Employé : «Quant à l'adresse que vous cherchez, je
pense que vous aurez des difficultés à la trouver. Il est
d'autant plus difficile de s'orienter que ces immeubles
neufs modifient la physionomie des rues ; ils sont si
semblables les uns aux autres qu'il est presque impos-
sible de les distinguer, à moins de fournir un grand
effort d'attention dont on n'est pas toujours capable.»

La rafle rend la ville inquiétante et les déplace-
ments difficiles et périlleux. La Pauvre Prostituée fait
part de sa terreur à l'heure du couvre-feu : «Je ne
devrais pas être dehors, mais quelle rue prendre, com-
ment savoir de quel côté ils vont venir ? Comment leur
échapper ?» Certains quartiers sont devenus quasi
inaccessibles : «J'avais oublié que la rue était cernée,
dit Lili, qu'il fallait faire le tour.»

L'errance dans une ville chaotique, thème roma-
nesque ou cinématographique dans lequel Kafka ou

Wim Wenders ont excellé, n'avait jamais encore été portée à la scène avant La Parodie. *C'est à Adamov qu'il revient, pour la première fois, de communiquer au spectateur l'angoisse de l'homme face à un univers à la fois inconnaissable et hostile. Ionesco reprendra le thème dans* Tueur sans gages, *où Bérenger, en quête du Tueur, ne cesse de se perdre dans la ville, et plus tard dans* L'Homme aux valises, *où le héros erre désespérément, tantôt dans Paris en partie détruit par la guerre, tantôt dans une ville de Roumanie qu'il ne reconnaît plus pour l'avoir quittée depuis longtemps.*

« Le théâtre de la séparation déjà ! »

Dans La Parodie, *Adamov retrace l'évolution de deux hommes fort différents, un masochiste qui s'enferme dans une attitude de repli et un homme plein d'allant doté d'un optimisme béat, qui finissent tous deux pitoyablement laminés par l'existence. L'un mourra, écrasé par une voiture, tandis que l'autre terminera ses jours en prison. Il a lui-même expliqué en 1955, dans la « Note préliminaire » du* Théâtre II, *le but qu'il poursuivait lorsqu'il écrivait* La Parodie : « Je partais d'une idée générale [...] à savoir que toutes les destinées s'équivalent, que le refus de la vie (N.) et son acceptation béate (l'Employé) aboutissent toutes deux, et par les mêmes chemins, à l'échec inévitable, à la destruction totale. » Se peignant sous les traits de N., la pièce représentait pour lui « une ten-*

tative de justification (''j'ai beau être comme N., je ne serai pas plus puni que l'Employé'') ».

Au début de la pièce, l'Employé est un homme débordant de vie qui ne peut rester en place. « *Immobile, dit-il, il me semble que je n'existe pas, je ne vis qu'en marchant.* » À son entrée sur scène, il apparaît comme le mouvement perpétuel. Il est « *en proie à une agitation constante, a un débit désordonné et marche dans tous les sens (même en arrière)* ». Sa naïveté est sans égale. La première fois qu'il rencontre Lili, qui pourtant ne l'écoute qu'à demi et s'enfuit, visiblement pressée, il est convaincu qu'elle partage son amour et, fou de joie, il lui donne rendez-vous pour le lendemain. Plus tard, quand il la cherche, dans le dancing où il ne la voit pas plus qu'elle ne le voit, et d'où il va se faire durement chasser, il témoigne d'un enthousiasme débordant : « *Quel merveilleux présage ! Une musique si douce, si tendre, juste au moment où j'apparais ! L'amour triomphe, notre amour !* » Candide, il l'idéalise, parlant d'elle comme d'une jeune fille bien élevée, issue de la bonne société : « *Une jeune fille de son monde ne peut tout de même pas fixer rendez-vous un jour pour le lendemain, cela ne se fait pas.* »

L'expérience de la dure réalité brise rapidement cet élan. Venu passer ses vacances dans la ville, l'Employé n'en partira plus et il y vieillira sans rien réaliser de ses attentes. Il ne trouvera ni une femme ni un travail. Peu à peu, il est ralenti par une force obscure qui le paralyse. Une série d'indications scéniques vient souligner le découragement qui le gagne, sa fatigue grandissante, sa difficulté de plus en plus importante à se mouvoir. À partir du septième tableau, méconnais-

sable avec ses cheveux tout blancs, il porte les marques d'un vieillissement accéléré. Au dixième tableau, incarcéré pour une faute dont lui-même ne sait rien, il est si fatigué qu'il trébuche, tout en parlant au Journaliste-avocat, qu'il finit même par s'asseoir, puis insensiblement par se coucher, en signe de démission totale, comme s'il se résignait à mourir en prison.

Le cheminement de N. vers la mort nous est donné à voir comme un véritable calvaire. Semi-clochard, pitoyable dans son complet noir trop court, il apparaît sur scène toujours affalé, au pied de l'horloge ou contre un arbre. Dès le premier tableau, l'inertie est un trait saillant du personnage. Étendu par terre, immobile, N. se relève à peine sur son coude lorsqu'il aperçoit Lili, comme si elle lui redonnait vie : « Je me sens si bien depuis que vous êtes là, dit-il. Votre seule présence a rappelé mes forces. Je pourrais me lever, marcher, je pourrais même mourir. » Mais ce sursaut n'est que passager. Il retombe aussitôt dans un état de prostration totale. Adamov lui-même indique qu'à partir du deuxième tableau, « son attitude exprime une fatigue grandissante, « [qu']il s'affaisse de plus en plus ». Il n'a que mépris et dégoût pour lui-même comme en témoigne ce cauchemar qu'il raconte à la Pauvre Prostituée au neuvième tableau, signe d'une dénarcissisation extrême : « La nuit dernière, j'ai rêvé de boue, d'une boue qui avait mal. Elle se tordait de souffrance. Je suis cette boue. » Il éprouve le sentiment d'expier une faute obscure. « J'ai commis une faute, une très grande faute, » dit-il. Aussi ne se défend-il pas lorsque l'Employé, au cinquième tableau, va pour le frapper, interprétant ce geste d'agressivité à son égard comme un châtiment mérité : « N., penchant piteusement la tête et laissant pendre les bras le long de son corps. *C'est vrai, je suis impardonnable.* »

Comme l'Employé arrête son geste, pris de pitié sans doute devant cette loque humaine, il s'autoflagelle. « *Il lève le bras dans la pose exacte du bras de l'Employé, le laisse un instant dans cette pose, puis s'en frappe violemment le visage. Au même instant l'Employé laisse retomber son bras. Donner l'impression que le bras de N. s'est substitué à celui de l'Employé.* »

Seul le Journaliste comprend que cette attitude de retrait du monde témoigne d'un profond malaise existentiel. À Lili qui n'y voit qu'un comportement d'enfant, le Journaliste rétorque : « *Je ne suis pas de votre avis. Je trouve, au contraire, qu'il pense trop, c'est ce qui le fatigue. Peut-être sait-il trop de choses… ou pas assez.* » *Appelant sans cesse la mort de ses vœux, il implore Lili de le tuer, désirant mourir de sa main.* « *Vous aviez promis de me tuer, tuez-moi* », *lui demande-t-il, et plus loin :* « *frappe-moi au visage* ». *Tel un mort vivant, il est prisonnier, dans son attitude négativiste, de la relation masochiste qui l'unit à Lili. Il va jusqu'à mimer la mort, comme si c'était le moyen de la faire venir plus vite : au cinquième tableau, alors qu'étendu au pied de l'arbre il se reproche de n'être pas allé à la recherche de Lili, blessée peut-être dans la rafle, il s'écroule, comme frappé d'une balle. Au neuvième tableau, qui répète le premier, N. supplie la Pauvre Prostituée, qui voudrait le sauver de la rafle, de le tuer, comme il a imploré jadis Lili. Il va jusqu'à se dénuder pour lui faciliter la tâche. Ce corps à demi nu, qui demande des coups, alors que la Pauvre Prostituée croit d'abord qu'il s'offre pitoyablement à l'amour, apparaît comme une dépouille dérisoire, préfiguration du dénouement. Au douzième tableau, le cadavre de N., Christ moderne qui a vécu une bien douloureuse passion, gît sur la scène, « les bras étendus en croix ». Adamov visualise, dans cette posture pathétique, la cruauté de la destinée humaine, qui est formulée en ces termes dans* L'Aveu *: « Je dis que l'homme est un écartelé. Et pas seulement un écartelé, un crucifié. » Les balayeurs poussent ce corps écrasé avec une totale indifférence, comme « une ordure ménagère », en coulisses, tel celui de Grégoire Samsa, impitoyablement jeté à la poubelle par les siens, dans* La Métamorphose. *Le corps n'est qu'une ordure chez Adamov comme chez Kafka. Il y a là un scandale insupportable pour la raison, douloureux pour la sensibilité. Le caractère révoltant de ce dernier outrage est souligné par l'éclairage. Au moment où le balais touche N., la lumière devient « très forte et très crue ». Beckett retrouvera la même métaphore quelques années après, en utilisant des moyens dramaturgiques différents, dans* La Dernière Bande, *où le héros, Krapp, dont le nom signifie « merde », est une ordure, ou dans* Fin de partie *où Nagg et Nell, jetés au rebut, pourrissent dans des poubelles. Pour l'un comme pour l'autre, le corps est le lieu d'une souffrance qui dégrade l'être. La guerre qu'ils viennent de vivre lorsqu'ils écrivent leurs premières pièces, leurs propres fantasmes névrotiques, leur ont appris à tous deux que les blessures infligées au corps par l'autre, qu'il s'agisse de l'ennemi politique ou du compagnon d'infortune, peuvent prendre* *les formes les plus aliénantes et les plus inhumaines que l'on puisse imaginer.*

Face à ces deux hommes, N. et l'Employé, qui expient une faute obscure — laquelle ? peut-être « le péché d'être né », dirait Beckett qui retrouve l'expression de Calderón —, le Directeur du journal apparaît comme la figure de la loi. Patron qui fait régner, inflexible, l'ordre établi, il est celui que l'on supplie. Devenu le Gérant du dancing, il chasse durement l'Employé, puis sous les traits du Directeur de l'Agence d'Isolation Thermique qui l'emploie, il semble lui adresser des reproches. De fait, cet homme de pouvoir se révèle tout aussi vulnérable que N. et tout aussi dépendant de Lili, qu'il poursuit vainement de ses assiduités. « Dès qu'elle me quitte, explique-t-il au Journaliste, mes forces m'abandonnent, elles s'en vont avec elle et, comme elle, je ne sais où. La tête me tourne, je n'ai plus de goût à rien. Aussi vrai que je dirige "L'Avenir" et que vous y collaborez, je n'ai d'idées qu'en sa présence. Plus de Lili, plus d'"Avenir". » Il échoue lui aussi dans sa relation amoureuse. Au dernier tableau, quand il espère enfin emmener Lili avec lui et qu'il l'appelle, elle lui répond, mais sort dans la direction opposée.

Tous ces hommes tournent autour de Lili, la belle hystérique qui vit dans un exhibitionnisme permanent. Dès le Prologue, le spectateur la voit qui passe et repasse sur l'estrade de la salle de spectacle. Adamov suggère ainsi d'emblée que cette femme, qui a besoin de se sentir adulée, se donne en spectacle à tout moment de son existence. La ville est pour elle un immense théâtre où elle se produit. C'est avec fierté qu'elle clame :

« *Je suis mannequin* », et qu'elle affiche des « *toilettes extravagantes* » de plus en plus tapageuses. Très frivole, elle court d'homme en homme. Elle-même naïvement en témoigne, lorsqu'elle raconte au Journaliste le périple qu'elle vient d'effectuer pour le retrouver : « *Je suis allée jusqu'à l'aérodrome. J'y ai rencontré Georges, il cherchait Andrée ; nous sommes partis ensemble. En rentrant, devinez qui je vois ? Antoine qui croyait avoir rendez-vous avec moi. […] J'ai vu aussi Pierre.* » Les voix off qui fréquemment l'appellent — voix d'hommes qui se plaignent qu'elle soit toujours en retard aux rendez-vous qu'elle donne — soulignent ce rôle d'allumeuse. Elle se lamente, dans son égocentrisme, d'être ainsi harcelée : « *De quelque manière que je m'y prenne, je suis toujours en retard, et on me gronde, ce qui me fatigue beaucoup.* » Totalement indifférente aux hommes qu'elle côtoie, elle croit se justifier en disant : « *Naturellement, je ne puis les contenter tous.* » Cervelle d'oiseau, elle dispense des promesses qu'elle oublie aussitôt : « *Moi, je vous ai promis quelque chose, dit-elle à N., vous en êtes sûr ? Après tout, c'est possible, je vois tant de monde. S'il fallait se souvenir de tout ce qu'on dit !* » Elle ne se rend même pas compte qu'elle sème le malheur autour d'elle et, capricieuse, elle se plaint si elle cesse un instant d'être le centre du monde : « *Ce n'est pas une vie. On ne me dit rien, on m'abandonne, dit-elle au Journaliste et au Directeur qui discutent entre eux. Je pourrais mourir là, sur ma chaise, personne ne s'en apercevrait. Vous n'avez pas honte ?* » À l'inverse de la *Pauvre Prostituée* qui porte sur ses épaules toute la misère du monde et qui, prise de pitié, tente de sauver

N., elle n'a jamais un seul geste secourable envers lui et passera devant son cadavre sans un regard.

Cette frénétique chasse à l'homme, loin de lui apporter un quelconque bonheur, brise peu à peu sa vitalité. C'est sous les traits d'une femme accablée, usée par la vie, qu'elle apparaît au dernier tableau : « J'ai mal partout, dit-elle. Je suis toute courbatue, toute brisée. On ne m'a pas laissé me reposer un seul instant. Comme je suis malheureuse ! » Elle semble, à la fin, totalement épuisée, lorsqu'elle « enlève son chapeau, s'assied sur le rebord du trottoir et prend sa tête entre les mains [...]. Elle s'affaisse, baisse la tête. Ses cheveux lui tombent dans les yeux ». Telle est la dernière image que le spectateur garde d'elle. Il n'y a que des vaincus dans La Parodie, contrairement à ce qu'augurait la pancarte qui porte l'inscription « L'Amour vainqueur ».

Dans les pièces ultérieures, ce sont des rôles de femmes tout aussi dures, froides et inconstantes qu'Adamov portera à la scène, telle Erna dans La Grande et la Petite Manœuvre, Agnès dans L'Invasion, Annette dans Le Ping-Pong. Bien avant d'écrire La Parodie, à l'âge de dix-huit ans, Adamov, en compagnie de son ami Victor, a monté, au Studio des Ursulines, une courte pièce qui préfigure son premier drame car il y exprime déjà le thème de l'éternel échec amoureux qui sera au cœur de toute l'œuvre : « Trois pièces au programme, écrit-il dans L'Homme et l'Enfant, une de Ribemont-Dessaignes, une seconde de je ne sais plus qui, une troisième de moi : Mains blanches, qui dure cinq minutes. Une fille, montée sur une chaise, prend la main d'un garçon également monté sur une *chaise, la lâche, la reprend. Le théâtre de la séparation déjà. »*

Le temps destructeur

Dans La Parodie, *le drame se joue sur toute une vie d'homme. Les notations temporelles, quoique rares et floues, sont tout de même suffisantes pour que l'on comprenne que la Première Partie se déroule sur quelques années. L'Employé est jeune quand il arrive dans la ville. C'est l'été, comme semblent l'indiquer les espadrilles qu'il porte, lors du Prologue. Au premier tableau, l'hiver est venu déjà, comme en témoignent les voix d'hommes qui, d'un café tout proche, appellent Lili, lui disant : « Le soleil d'hiver frappe nos verres. » L'automne a fait son apparition au cinquième tableau, jaunissant les arbres du square. Le Journaliste, par ses propos, souligne, en ce même tableau, la longueur du temps écoulé depuis le début de la pièce, disant à N. : « Il y a bien longtemps que nous ne nous sommes rencontrés. Vous ne vous souvenez pas ? […] vous attendiez aussi une femme. » Une longue ellipse temporelle sépare les deux parties. Dès le début de la Deuxième Partie, les personnages apparaissent terriblement vieillis. Les femmes des deux couples ont les cheveux tout blancs, ainsi que l'Employé, ce que lui fait remarquer le Journaliste qui insiste, là encore, sur le temps qui a passé, lui disant : « Jadis, nous nous voyions souvent. […] Vous marchiez beaucoup jadis. » Les protagonistes n'ont plus guère alors d'avenir devant eux, ce que suggèrent, dans une ironie amère, les propos du Directeur du journal : «Précisément, nous avons décidé d'augmenter le nombre des pages du journal. "Demain" est trop mince. Autrefois, "l'Avenir" l'était aussi, je sais bien. Mais ce n'est pas une raison. »*

Le découpage en tableaux, à la manière expressionniste, et non en actes et en scènes liées selon la tradition française, rythme la pièce, présentant ainsi au spectateur, dans des flashes successifs, les moments marquants de la vie des deux héros, ce qui souligne cruellement leur déchéance. Se situant dans la mouvance des expressionnistes, Adamov veut saisir ses personnages dans la durée et non à un moment de crise comme l'ont fait la plupart des auteurs dramatiques français. Il s'avoue très sensible au poids du temps dans le théâtre de Strindberg, notamment à la transformation de l'Officier du Songe *qui, nous l'avons vu, l'a influencé dans sa création du rôle de l'Employé. Dans* Ici et maintenant, *il se déclarera particulièrement satisfait d'avoir réussi à saisir la complexité du phénomène dans* Le Ping-Pong *qui « rend assez bien compte [...] du temps qui passe. Les personnages vieillissent chacun à sa manière, et chacun se tue, les uns mourant pour de bon, les autres survivant mais sans se libérer jamais du poids personnel, individuel, ni surtout du péril commun, en l'occurrence le Consortium des appareils à sous ». C'est ce désir de mettre en lumière le poids du temps sur les destinées humaines qui explique qu'Adamov se réfère souvent à l'univers romanesque où l'action se déploie toujours dans la durée, et particulièrement à Flaubert, citant à maintes reprises* L'Éducation sen-

timentale *comme l'un des romans qui l'a le plus
marqué. Lui-même a adapté bon nombre de romans à
la scène — notamment* Les Âmes mortes *de Gogol,
à la demande de Planchon qui créa le spectacle à Villeurbanne en 1960 au Théâtre de la Cité —, car il
trouvait là une matière dans laquelle la durée joue
un rôle déterminant.*

Le Journaliste ou la figure de l'écrivain

*Il est un rôle à part, énigmatique de prime abord,
celui du Journaliste. «Froid, toujours égal à lui-même»,
il arpente la ville, promenant un regard d'observateur
désabusé sur les comportements des autres personnages
qu'il tente de mettre en garde contre leurs erreurs. Il
participe à l'action, tout en adoptant une position
de neutralité et en se mettant partiellement hors jeu.
Adamov précise d'ailleurs à son sujet, au troisième
tableau, qu'il «ne regarde presque jamais ses interlocuteurs», qu'il est «habillé de la façon la plus
banale». Ne dit-il pas lui-même à l'Employé : «Vous
ne tarderez pas à constater que personne jamais ne me
remarque.» Quelle est donc la fonction de cet étrange
personnage, prodigue d'avertissements, capable de se
présenter momentanément sous les traits d'un avocat ?*

*Le Journaliste conseille à l'Employé, dès le début,
de ménager ses forces : «On a tendance, les premiers
temps, à se dépenser sans compter. On marche, on
marche», lui dit-il au quatrième tableau. Il essaie de le
prévenir des obstacles qui l'attendent, de lui faire
prendre conscience qu'il passe son temps à la recherche*

d'une femme qu'il ne connaît pas vraiment : « Je ne vous demande pas si vous connaissez bien votre amie... lui dit-il au quatrième tableau. Pourtant, on ne connaît jamais trop les gens. » S'étonnant, au troisième tableau, du manque de clairvoyance du Directeur du journal qui, lucide d'ordinaire, se montre totalement aveuglé par son amour pour Lili, il tente de le mettre en garde. « Il se penche vers le Directeur et le scrute attentivement comme pour faire un diagnostic de son mal. » Il incite N., au cinquième tableau, à changer d'attitude s'il veut se faire aimer de Lili : « Je n'ai pas l'impression que vous mettiez une grande obstination à la chercher. Votre méthode s'inspirerait plutôt du laisser-faire. Est-ce que l'immobilité vous réussit ? Je crains que vous ne soyez assez souvent déçu. » C'est en fin clinicien qu'il analyse le comportement amoureux de N., qu'il le lui décrit au cinquième tableau, à sa grande stupéfaction, comme s'il l'éprouvait lui-même :

« [...] Quand vous êtes séparé d'elle depuis un certain temps, votre état physique change, n'est-ce pas, vous êtes nerveux, agité sans raison, couvert de sueurs, enfin, vous me comprenez... Tenez, en ce moment, vous êtes précisément dans cet état.

N., *effrayé* : Oui, mais comment savez-vous ? Vous savez donc tout ?

LE JOURNALISTE : Non pas tout, certaines choses seulement. »

Voici donc qu'il se met à dévoiler et à commenter les mobiles et les pensées intimes de N., rôle dévolu traditionnellement au monologue dans lequel le personnage s'explique lui-même, ou à un récitant entièrement exté-

*rieur à l'action. Grâce à une telle intervention, qui ins-
crit le commentaire au sein même du dialogue, la
parole théâtrale est plus dynamique, plus nerveuse.
C'est bien parce qu'il connaît les agissements et les
mobiles de tous les personnages que le Journaliste peut
endosser momentanément la robe d'avocat, au dixième
tableau, lorsqu'il vient rendre visite à l'Employé dans
sa cellule de prison. Étrange avocat, persuadé de l'inutilité de son rôle, qui laisse entendre qu'il ne défendra
pas son client, puisqu'il annonce à l'Employé qu'ils se
reverront, lors du procès sans doute, mais qu'ils ne se
parleront plus !*

*Il est le seul à voir Lili telle qu'elle est : « Vous êtes
légère comme l'air », lui dit-il en dansant avec elle,
« inconsistante comme une bonne pensée. » Il sait à
quel point le pouvoir qu'elle exerce sur les hommes est
redoutable : « Bien sûr, vous mourrez, lui dit-il au
onzième tableau, mais pas tout de suite. Ce serait trop
beau si les hommes pouvaient vous perdre si facilement. » Il en est pourtant lui-même amoureux, mais
ne se faisant aucune illusion, il n'attend rien d'elle :
« Je suis peut-être le seul à pouvoir me passer d'elle, dit-
il au douzième tableau. » Comme elle se rend bien
compte qu'elle n'exerce pas sur lui le même pouvoir que
sur les autres, c'est à lui qu'elle demande s'il l'aime,
alors que ce sont les hommes qui habituellement l'inter-
rogent ainsi. À cette question qui visiblement l'agace,
il répond au douzième tableau : « J'aime… J'aime…
Mais mon amour n'est pas comme le leur. Ils veulent
toujours des preuves. Comme si on pouvait en donner ! » C'est lui seul que Lili cherche partout, parce
qu'il est le seul à ne pas la chercher : « Je vous ai*

attendu comme cela jusqu'à la tombée de la nuit », lui dit-elle au douzième tableau. *« J'ai couru dans les rues, les gens me prenaient pour une folle.* (Pause) *Ce n'est pas bien. Tu m'avais pourtant promis. »*

Se présentant lui-même, au cinquième tableau, comme *« un vieux singe de journaliste qui a vu bien des choses, bien des faits divers »*, il a le sentiment que c'est à cause de son métier qu'il porte un regard distancié sur les êtres. Toujours ironique vis-à-vis de lui-même, il dit à N. : *« Ne me prenez pas trop au sérieux. Je souffre dans mes jugements d'une espèce de déformation professionnelle. »* C'est cette déformation professionnelle précisément qui le pousse à perpétuellement observer : *« Je suis trop scrupuleux,* dit-il au douzième tableau. *On me croit curieux, méticuleux, parce que je note tout ce que je vois et entends. Mais les gens ne comprennent pas que si je le fais, c'est pour eux, pas pour moi. »* Il ne se leurre aucunement sur l'influence qu'il pourrait exercer sur son lectorat. Au Directeur du journal à qui il apporte un article, il déclare, au sixième tableau : *« Malheureusement, je n'ai pas le titre. C'est regrettable. Les titres ont plus de chance d'être lus que les articles de fond. Je n'ai jamais pu me résoudre à forcer l'attention des gens. Je rêve de les amener à comprendre les choses par eux-mêmes.* (Pause) *Je n'ai guère d'illusion à ce sujet, mais je ne puis faire autrement. »* Il sait également que toutes ses mises en garde, que ce soit envers l'Employé, N., Lili ou le Directeur, seront sans effet. Par ailleurs, cette lucidité qui lui donne un regard aigu sur les comportements des autres ne lui sert pas davantage à conduire sa vie personnelle. Aussi, à la fin de la pièce, apparaît-il lui aussi *« sous un jour presque pitoyable. »*

*Le Journaliste est une image de l'écrivain, qui consigne faits divers et cas cliniques, qui est à l'écoute des êtres et des choses et qui, prenant du recul, fait part de cette expérience dans son théâtre. Passionné par les travaux psychiatriques, Adamov a beaucoup médité sur les cas cliniques qu'il a lui-même côtoyés, comme en témoignent ses écrits autobiographiques, ou dont il a lu le récit dans les ouvrages des psychiatres. Deux de ses pièces, dont il cite lui-même les sources, sont issues de ces lectures. Le sujet d'*En fiacre (1963) est emprunté à une observation clinique de 1902, un cas de délire collectif relaté par le docteur de Clérambault dans son Œuvre* psychiatrique. *Quant au sujet de* La Politique des restes *(1962), il est inspiré d'un cas clinique rapporté par Eugène Minkowski dans* Le Temps vécu. *Le rôle du Journaliste témoigne de beaucoup de pessimisme de la part d'Adamov, convaincu, comme son personnage, de l'inutilité des avertissements. Rien ne peut dessiller un homme aveuglé, personne ne peut arrêter le destin. L'expérience des autres ne sert à rien, pas plus d'ailleurs que sa propre expérience.*

Exorciser les fantasmes

Le héros d'Adamov, tel N. dans La Parodie, *se vit comme un être persécuté dans son corps, éternellement victime de son rapport masochiste au monde :* « J'étais bien léger », *écrit Adamov dans les* « Notes préliminaires » *à* Si l'été revenait, *« à l'époque où je voulais bannir la psychologie du théâtre. Mais tout, ou presque tout est psychologique, le corps lui-même est un objet quasi psychique.* » Expression directe des fantasmes d'un artiste qui prête à ses personnages ses propres angoisses, l'œuvre dramatique d'Adamov présente une grande résonance autobiographique. Le corps est toujours apparu à Adamov comme un organisme difficile à contrôler, la marche, comme un exercice redoutable que la chute risque d'entraver. Ce n'est qu'au prix d'une série de rites obsessionnels qu'il peut avoir l'impression de la maîtriser. Lorsqu'il revoit ses années d'enfance, il écrit, dans L'Aveu : *« Mais alors m'arrivait-il déjà, comme à présent, d'interrompre ma marche inconsciente pour être bien sûr de repartir du pied gauche et non du pied droit. »* Et il ajoute en note : *« La marche étant une série de chutes ininterrompues, il convient de l'ouvrir par une chute esquissée à gauche, du côté du cœur et de la clémence. »* Dans L'Aveu, il fait part de cette impression cruelle, qui est la sienne, d'être « agi », d'être habité par des forces qu'il ne commande pas, qui font de lui un automate, une « marionnette », qui le font douloureusement tressaillir. Il a le sentiment que son propre corps ne lui appartient pas, tel N. qui tremble de tous ses membres en l'absence de Lili, ou tel le Mutilé dans La Grande et la Petite Manœuvre *qui doit obéir aux voix persécutrices qui le mènent inexorablement à la mort.* Un rêve d'angoisse qu'Adamov raconte dans L'Aveu se fait l'écho de ce sentiment de dépersonnalisation qu'il prête à tous ses héros. *« Chaque nuit je suffoquais d'angoisse dans l'attente du nain qui allait surgir devant moi et me terrasser par le dégoût que m'inspirait sa présence. Et la terreur me glaçait,*

me paralysait, et mes mains se faisaient lourdes et
moites. Dans mon rêve, de cette main, je frappais mon
visage, et je sentais alors qu'elle ne m'appartenait
plus. C'était un corps mort, quelque chose d'étranger
qui venait heurter ma joue. Et la terreur grandissait
en moi. » La peur de sombrer dans la folie l'a hanté
jusqu'à la mort tandis que la tentative de suicide se
faisait toujours plus lancinante : « Vais-je me tuer ou
pas », écrit-il le 4 mars 1967 dans L'Homme et
l'Enfant, « mon corps écrabouillé contre le sol, loque
sanglante ?

» Cela finira-t-il ainsi ?

Je ne m'en cache pas, le saut me fait peur. »

Comme ses héros, Adamov a toujours vécu sa relation à la femme sous un mode masochiste. Tout jeune,
en 1922-1924, entre quatorze et seize ans, il se met « à
écrire une histoire où un garçon de quatorze ans, pour
retrouver une fille de seize ans, doit d'abord se blesser à
des branches, rouler dans les orties », comme il l'explique dans L'Homme et l'Enfant. Il éprouve toute
sa vie un besoin compulsif d'humilier son corps et il va
chercher, auprès des prostituées, cette jouissance qui ne
peut être obtenue que dans la honte et la souffrance.
« Recevant des coups, je veux en recevoir encore, je
passe des après-midi entiers dans le quartier des
Halles. Une fille, de ses talons, écrase mes pieds nus,
ses copines éclatent de rire. "Et si nous en faisions
autant toutes, qu'est-ce que tu nous donnerais ?" »
(ibid.). Ce fantasme d'être piétiné, battu par une
femme, qu'il attribue à N., le hantera jusqu'à sa mort.
Honteux de son corps comme N. ou comme le Professeur Taranne, ce n'est que dans la perte de toute

dignité, dans la prosternation angoissante aux pieds de la femme, dans la défaite, qu'il peut vivre sa sexualité : «La hantise qui veut que je me prosterne sans cesse devant l'objet de mon amour», *confie-t-il dans* L'Aveu, «mon besoin d'être humilié par la femme désirée, m'initie au sens terrifiant de la chute. Ce besoin morbide de tomber aux pieds de la femme en laissant tomber toute dignité m'apprend ce que tomber veut dire.» *L'amour lui semble une épreuve redoutable dans laquelle sa vie est en jeu. Éternellement torturé par la jalousie, il se jette un jour sous les roues d'un taxi, sous les yeux d'Irène, son premier amour, ne pouvant supporter l'idée qu'elle a un fiancé. Par moments aussi, l'amour lui apparaît comme l'espérance de retrouver la paix intérieure, d'apaiser les douloureux fantasmes de morcellement du corps qui le torturent sans répit.* «Dans l'amour», *écrit-il dans* Je... Ils..., «l'homme mutilé cherche à retrouver son intégrité primitive.» *Mais l'amour ne peut rien contre l'angoisse de castration toujours menaçante et terrifiante :* «La castration est le châtiment par excellence. Châtier, Châtrer, double aspect d'un même sens originel. La peur du châtiment peut se réduire à la castration. Mais, et c'est là l'essentiel, au fond de toute peur à l'approche du châtiment, il y a la mort, castration suprême. La peur qui étreint l'homme à l'idée d'être châtré, d'être lésé dans son intégrité physique, s'identifie à la peur d'être lésé de tout, coupé de tout, de mourir»* (L'Aveu). Adamov prête à ses héros ses propres souffrances, ses terreurs les plus profondes. Le corps est le lieu où, pour lui comme pour ses personnages, s'inscrit la séparation. Comme chez Beckett, il est une* *dépouille lourde à porter. Cette angoisse, partiellement exorcisée dans l'écriture, a miné toute son existence : «Tout ce que je sais de moi, c'est que je souffre. Et si je souffre, c'est qu'à l'origine de moi-même, il y a mutilation, séparation. Je suis séparé. Ce dont je suis séparé, je ne sais pas le nommer, mais je suis séparé» (L'Aveu). Et il ajoute en note : «Autrefois cela s'appelait Dieu. Maintenant, il n'y a plus de nom.»*

Le théâtre d'Adamov, poignant, est le cri d'épouvante d'un homme qui se sent étranger au monde comme au langage, qui ne peut saisir ni l'un ni l'autre avec certitude et qui vit, dans son corps, un cauchemar persécutoire. Emblématique, cette œuvre nous parle de la condition de l'homme de cette deuxième moitié du XXe siècle, pour qui le cataclysme des deux guerres mondiales s'est conjugué au drame existentiel et qui a perdu tout repère dans l'univers.

Marie-Claude Hubert

LA PARODIE

Pour Marthe Robert[1]
son ami

A. A.

L'EMPLOYÉ	Roger Blin.
N.	Jean Martin [2].
LE JOURNALISTE	Jacques Butin.
LILI [3]	Catherine Damet.
LE DIRECTEUR DE *L'AVENIR*	
LE CHEF DE RÉCEPTION	Pierre Le Proux [4].
LE GÉRANT	
LA PAUVRE PROSTITUÉE	Malka Ribowska.
LE COUPLE	Madeleine Marie.
	Claude Romain.
PREMIER COMMISSIONNAIRE	
PREMIER OUVRIER DU	Jacques David.
SERVICE D'ASSAINISSEMENT	
SECOND COMMISSIONNAIRE	
SECOND OUVRIER DU	Paul Chevalier.
SERVICE D'ASSAINISSEMENT	

La Parodie *a été représentée pour la première fois au Théâtre Lancry, le 5 juin 1952. Mise en scène de Roger Blin. Décor de Vieira da Silva* [5].

INDICATIONS SCÉNIQUES

D'un bout à l'autre de la pièce, chaque personnage principal doit conserver un maintien, une façon de parler et de marcher qui lui sont propres, garants de sa continuité.

Les costumes des personnages, fixés à leur entrée en scène, ne varient pas plus que les gestes, sauf en ce qui concerne Lili dont les changements de costumes symbolisent le caractère.

L'Employé, en proie à une agitation constante, a un débit désordonné et marche dans tous les sens (même en arrière).

N. semble se déplacer avec répugnance. Il a une voix grave. En général, attitude raide et pas saccadé.

Lili parle sur un ton enjoué. Sa démarche rappelle celle d'un mannequin présentant une collection.

Le Journaliste est froid, toujours égal à lui-même. Il ne regarde presque jamais ses interlocuteurs.

Se souvenir que, durant toute la pièce, la rafle sévit dans la ville. Donc, sifflets, bruits de cars, avertisseurs de police, phares[1].

Ces indications n'ont d'autre but que de souligner le caractère « parodique » de la pièce. S'abstenir néanmoins de toute « stylisation ». Le comportement absurde des personnages, leurs gestes manqués, etc., doivent apparaître absolument naturels et s'inscrire dans la vie la plus quotidienne[2].

DÉCOR[3]

En fait, il n'y en a qu'un, valable du début à la fin. Devant lui viendront se planter les différents éléments : l'horloge, la pancarte, l'arbre, etc.

Au fond un circulaire photographique représentant une ville. Toute la pièce se déroule devant le circulaire.

Donner l'impression du noir et blanc. Pour cela, peindre peut-être les décors en gris ou en bleu sale; en tout cas, les éclairer de sorte qu'ils viennent se confondre avec le circulaire.

La mise en scène doit susciter le dépaysement. Le décor ne varie pas dans sa composition essentielle, mais seulement dans la disposition de ses différents éléments. Il présente les mêmes choses sous des angles de vue différents[4].

PREMIÈRE PARTIE

PROLOGUE

Un couple et un commissionnaire stationnent devant l'entrée d'une salle de spectacle entièrement visible (pas de murs). Plusieurs rangs de chaises font face à une estrade dressée au fond de la scène sur laquelle passe et repasse Lili.

À gauche, une pancarte sur laquelle on peut lire : « l'Amour vainqueur. »

À droite, une horloge municipale faiblement éclairée et dont le cadran ne porte pas d'aiguilles[1].

Le couple se livre à une dispute muette. On entend une sonnerie, puis des coups de sifflet. Le couple et le commissionnaire vont s'asseoir sur les chaises. Presque aussitôt un autre couple et un autre commissionnaire absolument semblables aux précédents entrent et prennent leurs places. Même manège que le premier couple. Lili continue à aller et venir sur l'estrade. Soudain, voix de la coulisse.

UNE VOIX : Un mètre quatre-vingt-cinq. Oui, vous êtes grand. *(Pause.)* Mettez-vous là. N'appuyez pas. Sans appuyer. Qu'est-ce que vous voyez là ?

UNE SECONDE VOIX : Je ne voix rien.

PREMIÈRE VOIX : L'autre œil. Sans appuyer…

SECONDE VOIX : Je ne vois rien. C'est justement…

> *Entre à droite l'Employé. Costume de sport négligé, espadrilles*[1].

L'EMPLOYÉ : Quelle bonne idée j'ai eue de passer mon congé ici ! Je ne rêve pas. Cette rue ne ressemble à aucune autre, elle ne me rappelle rien. Il y a là un cinéma et des arbres devant. Les arbres sont une promesse de résurrection. *(Il rit.)* Ici, au moins, pas de maisons pour vous boucher la vue. Si le temps était plus clair, s'il ne faisait pas aussi noir, on verrait certainement la campagne, on verrait très loin, aussi loin qu'on peut voir.

PREMIÈRE VOIX : De près, vous voyez bien ?

SECONDE VOIX : Oui, oui.

PREMIÈRE VOIX : Mettez-vous dans le fond, tout au fond…

> *Lili sort à gauche.*

L'EMPLOYÉ : Si seulement je pouvais rencontrer une femme. Après tout, rien d'impossible à cela. *(Il s'approche de la file d'attente.)* Évidemment, ici, la rencontre est peu probable, mais il y a bien d'autres quartiers dans la ville. Toutes les femmes ne sont pas accompagnées. Il faut seulement un peu de patience, un peu de temps. Tout est une question de temps. *(Au Commissionnaire.)* Pardon, Monsieur, quelle heure peut-il être ?

LE COMMISSIONNAIRE : Vous avez une horloge juste en face.

L'EMPLOYÉ, *regardant l'horloge sans aiguilles* : La nuit est un peu obscure. Je ne vois pas bien. *(À l'homme du couple.)* Auriez-vous l'heure, Monsieur ?

LE COMMISSIONNAIRE, *comme si c'était à lui que l'Employé s'adressait* : Si on te le demande, tu diras qu'on ne te l'a pas dit.

> *On entend de nouveau une sonnerie. Le premier couple et le premier commissionnaire se lèvent et sortent. Le second couple et le second commissionnaire prennent leurs places.*

L'EMPLOYÉ : En effet, je distingue… Je distingue… Heureusement que tout le monde ici est obligeant. On m'indiquera certainement mon chemin. J'ai déjà bien trouvé cette horloge… Comme les aiguilles tournent ! On les voit à peine, c'est peut-être à cause de leur rapidité. Qui pourrait les suivre ?

Il sort.

Obscurité.

PREMIER TABLEAU

*Même décor. Seul l'angle de vue diffère. L'horloge
et la pancarte, séparées au prologue, sont rapprochées
pour donner l'impression d'une nouvelle perspective.*

*Sous l'horloge, étendu par terre, N. Il porte un com-
plet noir trop court : pantalons jusqu'à mi-mollet, les
manches s'arrêtant bien au-dessus des poignets*[1]*.
Entre Lili, à droite, toilette tapageuse. Chapeau mons-
trueux : plumage et fanfreluches. Elle semble chercher
quelqu'un ou quelque chose. L'Employé entre presque
au même moment, également à droite.*

L'EMPLOYÉ : Vous cherchez quelque chose,
Mademoiselle ? Je puis peut-être vous renseigner. Je le souhaiterais beaucoup.

LILI : Je ne cherche rien. On me cherche,
c'est très différent.

L'EMPLOYÉ : Quel dommage. Je suis neuf dans
la ville, mais j'en connais déjà assez bien les
secrets. Je circule énormément, c'est pour ça.
(Pause.) Immobile, il me semble que je n'existe
pas, je ne vis qu'en marchant. Le rythme de
mes pensées alors s'accélère. Oh, il n'échappe
pas à mon contrôle. Je l'épouse avec tout mon
corps.

LILI : La marche est à peu près le seul exercice qu'on puisse prendre en ville. Mais, Monsieur, ce n'est peut-être pas une raison pour
m'adresser la parole.

L'EMPLOYÉ : Justement, justement… c'était pour vous… expliquer. Je vous ai connue, je veux dire aperçue, enfin… admirée il y a déjà très longtemps.

LILI, *railleuse* : Avant le déluge ou après ?

L'EMPLOYÉ : Comment, vous vous rappelez ? Vous ne pouvez savoir quelle joie vous me faites. *(Pause.)* Vous vous teniez tout en haut des marches du monde. Une buée lumineuse et pâle vous baignait[1]. *(Pause.)* Que vous êtes belle ! *(Pause.)* Vous avez une bouche, des yeux, des cheveux…

LILI, *riant* : Évidemment.

L'EMPLOYÉ : Vous êtes à vous-même votre soleil, votre propre foyer lumineux.

LILI : Je crois, en effet, vous avoir déjà vu quelque part. Au Chaperon Vert, peut-être ? Vous y venez parfois ? La salle est agréable bien qu'un peu obscure.

L'EMPLOYÉ : Comme je vous comprends. Comme j'aime que vous aimiez ce que j'aime : le jour, la vie, le feu, l'amour. J'ai, du reste, tout de suite pressenti en vous la santé, garante de l'avenir. *(Pause.)* Oui, ce devait être au Chaperon Vert. Vous vous teniez debout contre la porte. Au fond, à droite… ou plutôt à gauche… si on fait face au comptoir naturellement… *(Pause.)* Vous aviez l'air si perdue dans vos pensées, si entraînée par des liens lumineux que je n'ai pas osé vous déranger. Je suis timide, on ne le dirait pas, n'est-ce pas ? *(Pause.)* Ce nom de Chaperon Vert me plaît. Le vert, c'est le grand porteur de vie, le réservoir des énergies profondes. C'est aussi la couleur de l'espérance. Je suis sûr que vous l'aimez.

LILI : Toutes les couleurs me vont. Cela n'a l'air de rien, mais dans mon métier, c'est très important. Je suis mannequin.

L'EMPLOYÉ : J'allais justement vous parler à ce sujet. Ce que je vais dire vous concerne autant que moi, aussi vous supplierai-je de m'écouter avec toute votre attention. *(Pause.)* Ce sera pour moi une joie si pure. Le visage tendu qui écoute, c'est déjà un peu le visage de l'amour. *(Pause.)* Je suis représentant d'une maison de province. Je gagne ma vie assez convenablement : deux billets de fixe par mois. Bien sûr, ce n'est pas la fortune, mais elle peut encore venir… On m'a promis un avancement, moins de fixe peut-être, mais, en tout cas, davantage de commissions[1]. Maintenant que vous êtes entrée dans ma vie, cet avancement ne saurait tarder. Le bonheur appelle le bonheur. Quand le rouge sort une fois, le noir s'avoue vaincu, et le rouge est sorti puisque nous nous aimons[2].

LILI, *riant* : Vous avez des façons de parler très plaisantes. Tout le monde aujourd'hui se croit obligé de garder son sérieux, Dieu sait pourquoi. Moi, je suis restée une enfant miraculeusement préservée.

L'EMPLOYÉ : Nous sommes faits l'un pour l'autre comme le ciel pour la terre et la terre pour le ciel. Vous êtes la femme et je suis l'homme, nous sommes le couple. J'ai toujours

su que vous vouliez voir des enfants se multiplier sous votre regard. C'est aussi mon désir.
L'offre est pareille à la demande quand l'amour
est égal à l'amour. *(Pause.)* Si le cœur vous en
dit, vous pourrez me suivre dans ma ville natale.
Vous en aimerez le ciel inerte et sans nuages.
Mais je puis aussi bien m'acclimater ici. Quand
on possède un métier comme le mien, on n'est
jamais pris de court. Je connais déjà l'adresse
de l'Office de placement. C'est, paraît-il, une
adresse très difficile à obtenir, étant donné
qu'elle change très fréquemment… C'est le premier pas qui coûte. Je ne suis inquiet, en ce qui
vous concerne, que sur la question logement[1]. Il
semble que l'on ne trouve d'appartements qu'à
des étages très… élevés. Je crains que vous ne
souffriez des trop fréquents séjours dans les
ascenseurs, d'autant plus qu'à maintes reprises,
j'ai remarqué leur façon un peu brutale d'interrompre aux étages leur ascension. Enfin, vous
déciderez, je ne veux pas vous influencer.

LILI : Auriez-vous l'heure ?

L'EMPLOYÉ : Il y a une pendule juste en face.

LILI, *regardant l'horloge sans aiguilles* : Mon
Dieu ! Déjà ! Est-ce possible ? Je suis complète-
ment folle de bavarder ainsi. Je serai encore
grondée. Évidemment, ça vous est égal. Grand
égoïste !

> *Soudain, voix de la coulisse, plus ou
> moins proches et lointaines, venant de
> lieux différents.*

UNE VOIX D'HOMME : Lili, nous n'attendons plus que vous. Nous nous sommes mis à table. Le soleil d'hiver frappe nos verres, le ciel est vide.

AUTRE VOIX D'HOMME : Lili, Lili. Je t'attends. Où es-tu ? Le navire va lever l'ancre. Les derniers passagers ont franchi la passerelle. Une vieille femme pleure sur un tas de sable. Qu'est-ce qu'il y a ?

VOIX DIVERSES : Lili ! Lili !

LILI, *riant* : Me voici !

L'EMPLOYÉ, *saisissant la main de Lili* : Je voudrais… avant que vous partiez. Voulez-vous ?… Après-demain, c'est un peu loin, demain plutôt. Enfin, comme cela vous arrange le mieux. Je suis très pris, mais pour vous, je me rendrai libre. Je vous promets… à neuf heures précises devant le Royal.

LILI, *s'éloignant* : Fions-nous plutôt au hasard, voulez-vous ? Il fait si bien les choses. Très contente d'avoir fait votre connaissance. À bientôt, j'espère.

> *Elle traverse la scène de gauche à droite dans la direction de N. toujours étendu.*

L'EMPLOYÉ, *qui n'a pas remarqué le départ de Lili* : Je ne sais comment vous remercier. Aucun mot ne peut dire la joie… À neuf heures précises devant le Continental… Je vous attendrai aussi longtemps qu'il faudra. Je ne suis quand même pas à un quart d'heure près. Chaque instant, je le vivrai en vous, mon grand amour.

*Il sort à droite. Lili, parvenue à l'autre
extrémité de la scène, s'arrête devant N.*

N., *se relevant sur un coude* : Je vous attendais,
Lili. J'étais sûr de vous voir.

LILI : Vos pressentiments vous ont trompé.
Seul, le hasard… Du reste, je ne fais que passer.
Je suis déjà considérablement en retard. De
quelque manière que je m'y prenne, je suis toujours en retard, et on me gronde, ce qui me
fatigue beaucoup.

N. : Je me sens si bien depuis que vos êtes là.
Votre seule présence a rappelé mes forces. Je
pourrais me lever, marcher, je pourrais même
mourir.

LILI : Dès que vous avez un ennui, vous croyez
qu'on ne vous aime pas, vous croyez qu'on vous
abandonne ! Mais, des ennuis, qui n'en a pas ?
Chacun a les siens. *(Pause.)* Faire la charité, cela
prend du temps, et j'en manque. *(Pause.)* Comment voulez-vous…

N. *(il pose la main sur son cœur)* : Je vous demande
seulement d'arrêter ce tic-tac ridicule, cette
pendule sur laquelle toutes les autres se règlent.

LILI : Si vous voulez qu'on vous comprenne,
parlez plus clairement. *(Pause.)* On est bien,
comme cela, par terre ? Quel enfant vous faites !
Vous, au moins, vous ne vous gênez pas. Vous
aimez vos aises, ça se voit.

N. : Lili, vous m'aviez fait autrefois une promesse. Je ne vous l'ai jamais rappelée.

LILI : Une promesse ? Moi, je vous ai promis

quelque chose, vous en êtes sûr? Après tout, c'est possible, je vois tant de monde. S'il fallait se souvenir de tout ce qu'on dit!

N. : Le soir où nous nous sommes promenés aux abords de la gare. Vous vous souvenez, il y avait autour de nous, sous la pluie, tout un peuple sans domicile qui ne bougeait pas. Je suis une fois retourné dans ces parages. Plus personne, les rues étaient désertes. *(Pause.)* Je ne veux pas disparaître comme ces gens-là, poussés dans le dos. *(Pause.)* Je n'ai pas choisi de vivre, mais si je pouvais choisir ma mort... *(Pause.)* Vous m'aviez promis de me tuer, tuez-moi.

LILI : Vous avez bien tort de vouloir mourir. Mais, si vous y tenez, je veux bien. Je ne peux rien refuser à personne, vous le savez, et vous en profitez.

N. : Je suis mort.

LILI : Mais si vous êtes mort, comment voulez-vous que je vous tue? C'est très ennuyeux, ce que vous me dites là.

N. : Tout le monde est mort, il n'y a pas que moi. Regardez-les cligner des yeux comme s'ils recevaient toujours une petite pluie froide dans la figure. Ils font semblant de marcher et à chaque pas, il y a comme deux balais imbéciles qui se balancent à droite et à gauche.

LILI : Alors, selon vous, je suis morte, c'est charmant!

N. : Toi seule peux me tuer. Les autres femmes ne sont que des poupées qui ne valent rien. Toi seule es grande comme l'ombre. C'est toi la nuit secrète et silencieuse. Toi aussi, la forêt profonde, et chaque détour des sentiers perdus réveille en moi un souvenir sombré depuis combien de temps déjà, et dans quel sommeil ? *(Il étend les bras.)* Tuez-moi.

LILI : Ne soyez donc pas impatient comme cela. Avec quoi voulez-vous que je vous tue, grands dieux ? J'ai les poignets trop fragiles, je me les suis démis en jouant au tennis, encore enfant. Depuis, je porte ce bandeau. Si seulement j'avais mon sac. J'ai toujours des ciseaux dans mon sac[1]. Mais, aujourd'hui, précisément, je ne l'ai pas. Je ne sais plus ce que j'en ai fait. Il y a des moments comme cela, dans la vie, où on ne sait plus ce que l'on fait.

N. : Je n'ai jamais pensé que vous m'acheviez aujourd'hui. Je désire mourir lentement sous votre regard comme une bête anéantie à petit feu. J'ai toujours envié à la feuille l'instant qui précède sa chute, elle est encore fixée à la branche, elle tremble, je voudrais trembler comme elle[2].

LILI : Vous avez trop de loisirs, c'est ce qui vous perd.

N. : Oui, je prends votre temps. Tout cela exige du temps, je sais bien. Aujourd'hui, un quart d'heure me suffirait. Plus tard, ce sera un peu plus long, c'est forcé. Mais jamais vous n'aurez à perdre une soirée entière. Je ne me fais pas d'illusions, il n'y a pas que moi, vous êtes très fêtée, très sollicitée. *(Pause.)* Frappe-moi au visage.

LILI : Je n'aime pas ces précisions. Vous autres hommes, vous êtes tous pareils. Je vous tuerai, c'est promis, mais à ma manière. Faites-moi confiance.

VOIX DIVERSES : Lili, Lili.

LILI : Je n'ai que trop tardé, je me sauve. *(Lili.)* Vous les entendez ? Jour et nuit, hiver comme été, où que je sois, c'est toujours la même chose. *(Lili.)* Ils m'assourdissent à la fin. *(Pause.)* Naturellement, je ne puis les contenter tous. Mais mettez-vous un peu à ma place : je n'ai pas seulement des droits, j'ai aussi des devoirs. Au revoir, à bientôt.

Elle sort.

N., *baissant les bras* : Je ne t'ai pas demandé le jour où tu consentirais à continuer de me tuer. *(Se ravisant.)* Je n'ai pas besoin que tu me le dises. Je le pressens, je le sais déjà. Demain, à la même heure, dans le square, devant le Royal.

Obscurité.

DEUXIÈME TABLEAU

Un square. Un arbre, quelques chaises. Appuyé contre l'arbre, N. Au fond, dans une perspective qui la rapetisse, la pancarte : « l'Amour vainqueur. » Entre l'Employé.

Durant tout le tableau, N. et l'Employé montrent une grande impatience. Ils tournent la tête de tous côtés, guettant l'arrivée de Lili.

À deux reprises, vers le milieu de la scène, apparaissent, pour aussitôt disparaître, les couples identiques.

Le premier couple entre par la droite enlacé, mais très vite il se querelle et sort avec les signes de la brouille. Quelques minutes plus tard, le second couple entre à gauche. Visiblement, l'homme et la femme se sont querellés, mais très vite ils se réconcilient et sortent enlacés.

L'EMPLOYÉ : Auriez-vous l'heure ? *(N. fait non de la tête.)* C'est étonnant, personne ici ne se soucie de l'heure. *(Pause.)* J'ai rendez-vous. Oui, avec mon amie. Vous souriez, mais celle que j'aime n'est pas une femme comme les autres, elle est plutôt comme un feu silencieux qui brûle en plein jour, ou encore un de ces grands nuages blancs si vite évanouis. *(On entend non loin les bruits de la rafle.)* Certainement, elle a rencontré quelqu'un, une amie d'enfance qu'elle n'a pas vue depuis une dizaine d'années. À moins qu'elle n'ait oublié quelque chose. Sans doute, elle est comme moi, elle déteste revenir sur ses pas. J'ai alors le sentiment de perdre mon temps, d'avoir été un peu mort pendant ce temps-là… *(Pause.)* Nous avions rendez-vous à la demie, il ne doit pas en être très loin. On dit que les femmes sont toujours en retard, mais c'est dans leur nature. Chez elle, en tout cas, il n'y a pas de coquetterie, c'est encore une enfant...

N. *(il s'appuie contre l'arbre, pliant légèrement les genoux. À partir de ce moment, son attitude exprime une fatigue grandissante : il s'affaissera de plus en plus)* : On vient. C'est elle. J'en étais sûr. Elle ne peut pas ne pas venir.

> *Il jette des regards affolés autour de lui.*

L'EMPLOYÉ : Elle viendra, je n'en doute pas une seconde. *(Pause.)* Après tout, il n'est pas impossible que je me sois trompé d'heure. Nous avions bien dit neuf heures et demie. Mais neuf heures et demie, ça peut être aussi le matin. Nous n'avions pas précisé, non. *(Pause.)* C'est bien cela, elle est venue ce matin. Elle n'a pas pu supporter de vivre une journée de plus sans moi. Mais alors, elle a dû m'attendre plusieurs heures de suite, toute la journée peut-être. Quoi d'étonnant, si, à bout de nerfs, elle n'a pu attendre davantage ? Elle est partie. *(Pause.)* Mais est-ce bien ici que nous avions rendez-vous ? *(À N.)* Vous comprenez, on convient d'abord d'un endroit, puis, au cours de la conversation, on change d'idée, on en choisit un autre, enfin, on s'accorde sur un troisième. Il faudrait bavarder moins, on s'éviterait bien des ennuis.

N. : Je n'aurais jamais dû lui demander une chose pareille. Comment ai-je pu commettre une faute aussi grave ? Elle, si délicate ! Tôt ou tard, elle aurait tenu sa promesse. Si elle ne l'a pas fait tout de suite, c'est qu'elle avait ses raisons. *(Pause.)* Elle veut sans doute me faire sentir ma faute en venant un peu en retard. C'est bien légitime. *(Pause.)* Je suis impardonnable.

L'EMPLOYÉ : D'abord, nous avions parlé du Royal, puis, je crois bien, du Continental aussi. *(Pause.)* Mais c'est affreux : alors, elle m'attend seule dans la cohue, bousculée, meurtrie peut-être… *(Pause.)* Je n'ai pas une minute à perdre, mais je ne sais pas l'adresse. *(À N.)* Monsieur, la sauriez-vous, par hasard ?

N. : Il n'y a pas de hasard. Il n'y a que les fautes qu'on commet. *(Pause.)* Je n'avais pas à le lui demander… J'ai agi en homme qui exige et prétend recevoir ce qu'il exige. Comme ma grossièreté a dû la dérouter, la dégoûter même.

L'EMPLOYÉ : Je vais encore attendre ici un moment. C'est agaçant de ne jamais avoir l'heure exacte. À votre avis, y a-t-il longtemps que nous parlons ? Dix minutes, une heure, davantage ? Je n'ai pas toujours une notion très précise du temps. *(Pause.)* Mais est-ce qu'il ne passe jamais plus de monde par ici ?

N. : Je ne sais pas…

L'EMPLOYÉ : Je vais traverser… jusqu'au cinéma. À vrai dire, c'est plutôt là-bas que nous avions rendez-vous. Mais ça n'a pas beaucoup d'importance, j'aurais pu la voir d'ici. Vous m'excuserez un instant. *(Il s'éloigne de quelques pas et revient aussitôt hochant la tête d'un air découragé. Il se trouve maintenant tout près de N. qui n'a toujours pas bougé.)* Comment faites-vous pour rester immobile aussi longtemps ? Vous ne sentez pas des… picotements ? Voyez-vous, moi, je n'ai peur de rien, je pourrais tout supporter, sauf d'être immobilisé, tenez, d'être malade[1], par exemple. *(Pause.)* Mais, vous non plus, vous ne pourriez pas y tenir, si vous aviez un rendez-vous d'amour…

N. : L'amour… oui… mais elle n'est pas là. Et j'ai beau savoir qu'elle a été là hier…

L'EMPLOYÉ, *agacé* : Hier, hier, qu'est-ce que cela veut dire ? L'important, c'est demain. Demain, c'est un grand paysage qui vient à vous, court éperdu à votre rencontre pour se jeter dans vos bras. Demain, c'est l'inconnu qui s'ouvre, le couvercle saute et le bonheur s'échappe. *(Pause.)* Tenez, par exemple, je ne peux pas prévoir de quel côté elle viendra. Elle peut apparaître brusquement à droite ou à gauche ou là, devant nous, ou… Merveilleuse incertitude ! *(Pause.)* Pouvez-vous me rendre un grand service ? Je vais aller voir au Continental. Si vous la voyez passer, retenez-la et demandez-lui de m'attendre. Maintenant, j'en suis sûr, c'est là-bas que nous avions rendez-vous. Retenez-la, surtout, retenez-la. Je compte sur vous.

Il sort à droite.

N., *s'affaissant au pied de l'arbre* : Pauvre imbécile ! Heureusement qu'il est parti. J'étais sûr que rien ne se passerait tant qu'il tournerait comme une mouche autour de moi. *(D'une voix lente et éteinte.)* Elle viendra… elle ne peut pas ne pas venir[1]. Sinon, je toucherais trop vite le fond.

Obscurité.

TROISIÈME TABLEAU

Un dancing avec de petites tables. Pas de murs. Des lampes (lumière crue).

À gauche, le Journaliste — très grand, maigre, habillé de la façon la plus banale — est assis avec le Directeur du journal « l'Avenir » — petit, trapu, sanguin. À droite, à des tables différentes, les deux couples jumeaux.

La plupart du temps, décalage entre la musique et la danse.

LE DIRECTEUR, *au Journaliste* : Que fait Lili ? Où peut-elle encore bien être ? Il y a longtemps que je ne l'ai vue. Elle a fait une apparition au journal l'autre jour ; depuis, elle a disparu.

LE JOURNALISTE : Permettez-moi de m'étonner que vous, un esprit aussi judicieux, puissiez poser une telle question. Je pensais que vous la connaissiez mieux.

LE DIRECTEUR : Dès qu'elle me quitte, mes forces m'abandonnent, elles s'en vont avec elle et, comme elle, je ne sais où. La tête me tourne, je n'ai plus de goût à rien. Aussi vrai que je dirige « l'Avenir » et que vous y collaborez, je n'ai d'idées qu'en sa présence. Plus de Lili, plus d'« Avenir ».

LE JOURNALISTE *(il se penche vers le Directeur et le scrute attentivement comme pour faire un diagnostic de son mal)* : Voilà la seconde fois que je vous prends en défaut de clairvoyance. Comment pouvez-vous, vous, douter de « l'Avenir ». *(Pause.)* Vous devez être bien déprimé pour vous tracasser si facilement.

LE DIRECTEUR : Vous avez sans doute raison, comme toujours. Pourtant, ce n'est pas que je cherche la petite bête. Il pourrait vraiment lui arriver quelque chose, avec le désordre qui règne ces temps-ci.

LE JOURNALISTE : Que voulez-vous qu'il lui arrive ? Si quelque chose lui arrivait, mais il n'arriverait plus rien à personne. *(Pause.)* La voici justement.

Entre Lili.

LILI, *très agitée* : Qu'il faisait bon là-bas. De ma vie je n'ai passé de vacances aussi agréables. Je m'étais habituée à prendre des bains de soleil en pleine nuit, tout le monde en faisait autant, c'était délicieux. L'été dernier, quand je suis partie, la seconde quinzaine de juin, on grelottait littéralement. *(Pause.)* Au retour, en avion, j'ai voyagé avec deux prêtres. Les nuages fuyaient sous nos pieds, on s'amusait bien. Les prêtres m'ont dit que, par arrêté spécial, les églises allaient être fermées dès ce jour. La décision les avait un peu surpris et chagrinés, je crois. Ils l'attendaient pour l'année prochaine seulement. Je les ai consolés comme j'ai pu. *(Se bouchant les oreilles.)* Ne parlez donc pas tous à la fois.

LE DIRECTEUR, *levant son verre* : Au retour de Lili !

LE JOURNALISTE, *levant le sien* : Et à la santé de « l'Avenir » !

Ils trinquent.

LE DIRECTEUR : Quel beau titre « l'Avenir », si simple et frappant à la fois !

LE JOURNALISTE : Ce mot n'a pourtant pas su garder toute sa vigueur d'autrefois. Les hommes n'en voient plus assez l'aspect nécessairement… un peu inquiétant… *(Pause.)* Je sais… Un tel titre est bien fait pour rassurer le lecteur et, ce qui m'étonne, c'est qu'il y parvienne.

LE DIRECTEUR, *enlaçant Lili* : Je suis heureux de vous faire part des récentes résolutions sur la réglementation de la circulation de nuit des véhicules et des modalités de la répression contre d'éventuelles menées passéistes. Ces résolutions ont été adoptées à l'unanimité lors du récent dîner que j'eus l'honneur de présider dans toutes les brasseries : « Servir. »

LE JOURNALISTE : Je retire ce que j'ai dit sur votre clairvoyance. Le Directeur de journal est aussi averti que l'ami.

Le Directeur envoie des baisers à la femme assise à la table voisine. Le Jour-

> *naliste invite la femme à danser. Elle*
> *refuse d'un signe de tête. Le Journaliste*
> *va se rasseoir tandis que Lili se lève*
> *comme si c'était elle qu'il avait invitée.*

LILI : Volontiers.

> *Ils dansent.*

LE JOURNALISTE : Quel plaisir de danser avec vous ! Vous êtes légère comme l'air, inconsistante comme une bonne pensée. Dans mes bras, vous n'existez presque plus.

LILI, *l'embrasse* : Chéri !

> *On danse depuis un moment déjà. Les*
> *couples ont échangé leurs partenaires. La*
> *femme du premier couple danse avec*
> *l'homme du second et inversement.*
> *Entre l'Employé. Il ne voit pas Lili qui*
> *ne le voit pas non plus. Il se glisse mal-*
> *adroitement entre les rangs des danseurs.*
> *Le Directeur disparaît pour revenir presque*
> *aussitôt, une serviette au bras. Il est devenu*
> *le Gérant de l'établissement.*

L'EMPLOYÉ : Quel merveilleux présage[1] ! Une musique si douce, si tendre, juste au moment où j'apparais ! L'amour triomphe, notre amour !

LE GÉRANT : Eh ! vous ! Qu'est-ce que vous faites là ?

L'EMPLOYÉ : Je sais. Ce n'est pas ici que j'ai rendez-vous. Ce serait plutôt au Continental.

Excusez-moi, mais… je croyais qu'en passant par ici, je gagnerais du temps.

LE GÉRANT : Cette salle est un établissement de danse, non un couloir. Vous devriez voir que ce n'est pas la même chose.

L'EMPLOYÉ : Excusez-moi. *(Pause.)* Pourriez-vous m'indiquer le chemin du Continental ? Il fait si noir dehors, et les rues sont si désertes. Il n'y a personne pour vous renseigner.

LE GÉRANT *(il agite sa serviette)* : Allons ! Pas d'histoires !

> *Le Gérant pousse l'Employé vers la sortie, puis sort à son tour. Tout de suite après il revient. Il est redevenu le Directeur de « l'Avenir ». Le Directeur va se rasseoir à sa table. Lili et le Journaliste l'y rejoignent.*

LILI, *plus volubile que jamais* : Oh, il faut que je vous raconte tout de suite quelque chose. Après, j'oublierais. Ce serait dommage parce que c'est très important. Vous allez voir. J'ai connu ce matin sur la plage un jeune homme brun, plutôt grand, tout habillé de noir. Il marchait sans arrêt, mais seulement sur les planches. Oui, ces merveilleuses passerelles qui longent les cabines. Il m'a demandé de devenir sa femme, puis presque aussitôt la permission de me tuer. Je n'allais tout de même pas mourir comme ça, tout de suite, j'ai refusé.

LE JOURNALISTE : Vous êtes sûre de ne pas

confondre deux souvenirs différents ? J'ai remarqué que cela vous arrive.

LILI : Je ne croyais pourtant pas me tromper, mais, après tout, je ne sais plus très bien…

LE JOURNALISTE : N'exagérons rien, il y a des choses dont on ne peut douter. Par exemple, la beauté du regard de Lili, ce beau regard si bleu et si vide.

LILI, *riant* : Bien sûr… mais à part mon regard ?

Obscurité.

QUATRIÈME TABLEAU

La salle de danse est devenue le hall d'un grand hôtel. Même principe que pour le dancing. Pas de murs. À droite, derrière le bureau, le Chef de réception. À gauche, assis à une table, le Journaliste lit un illustré. Entre l'Employé.

L'EMPLOYÉ : Je voudrais la plus belle chambre de l'hôtel, avec deux balcons sur la rue, et beaucoup de soleil. Pour deux personnes.

LE CHEF DE RÉCEPTION, *d'une voix neutre* : Complet.

L'EMPLOYÉ, *il se met à marcher* : Bien sûr, en fin de journée, c'est normal. *(Pause.)* Je… ne suis pas exigeant. Je voudrais simplement une chambre… qui regarde le sud. Mais si elle n'est pas exactement orientée vers le soleil, peu importe. Pourvu que les tentures soient lumineuses…

> *Tandis que l'Employé lui parle, le Chef de réception se lève et s'en va.*

LE JOURNALISTE, *comme si l'Employé s'était adressé à lui* : Vous cherchez une chambre ? Eh bien, c'est une preuve de courage. Peut-être ne savez-vous pas vous-même à quel point vous êtes courageux.

L'EMPLOYÉ : Oh, j'ai tout le temps qu'il faut. Mon amie n'est pas encore arrivée. Nous avons rendez-vous devant le Continental, mais je suis un peu en avance… Alors, je suis entré ici pour m'informer… Parce que, voyez-vous, Monsieur, je n'aime pas perdre mon temps, et, d'ailleurs, vous pouvez certainement me renseigner…

LE JOURNALISTE : Cela dépend de ce que vous entendez par là. Il y a certains renseignements, en effet, que je suis en mesure de vous donner.

L'EMPLOYÉ : Décidément, j'ai de la chance aujourd'hui. *(Faisant un geste maladroit, il montre vaguement le journal.)* Vous allez comprendre tout de suite… C'est un peu compliqué peut-être, mais, enfin… en deux mots… je voudrais savoir…

LE JOURNALISTE : Ce que je lis ? Rien de plus facile. C'est un de ces magazines qui se piquent de donner une image assez complète de la vie *(il rit)*, et le plus curieux, c'est qu'ils n'y réussissent pas si mal. Regardez *(il montre le magazine)* : Empoisonnements ratés, sauvetages malheureux, catastrophes de chemin de fer prévues et qui arrivent vraiment...

L'EMPLOYÉ : Excusez-moi. Mais vous allez comprendre tout de suite... Je voudrais savoir...

> *Il fait un geste incoordonné. À demi machinalement, il relève la manche du Journaliste.*

LE JOURNALISTE : Pourquoi le temps passe si vite ?

L'EMPLOYÉ : Oui, bien sûr, mais ce n'est pas... Je voulais simplement savoir...

LE JOURNALISTE : Savoir, encore savoir ! Vous êtes insatiable[1] !

L'EMPLOYÉ : L'avez-vous vue ? *(Changeant de ton.)* Elle n'a rien de commun avec les autres femmes ni avec personne... Elle est... comme un de ces grands oiseaux blancs qui survolent les cimes, si haut, si haut qu'on ne voit que leurs ailes.

LE JOURNALISTE *(il tire son carnet de sa poche et semble y lire des notes)* : Non, je n'ai vu personne qui répondît à ce signalement. Il est vrai que je ne suis pas sorti, et vous dites avoir rendez-vous dehors. Je ne vous demande pas si vous connaissez bien votre amie... Pourtant, on ne connaît jamais trop les gens. D'ailleurs, je ne crois pas qu'en l'occurrence, cela importe beaucoup.

> *Il prend par le bras l'Employé et marche avec lui.*

L'EMPLOYÉ, *à part* : Mais non, ce n'était pas le Continental, ce devait être le… Royal. Bien sûr. Ma première idée était la bonne. *(Perplexe.)* Mais pourquoi tous les noms, même ceux qui ne se ressemblent pas, me font-ils penser aux mêmes choses ?

LE JOURNALISTE : Vous n'êtes pas le seul dans ce cas ; les correcteurs d'imprimerie ont sans doute la même impression que vous. Les lecteurs aussi, d'ailleurs. *(Pause.)* Je suis navré de ne pouvoir trouver à votre place le nom qui vous fait défaut.

L'EMPLOYÉ : Je vous remercie de ce que vous me dites là. Je commence à croire… Je ne vais pas perdre de temps. Je m'y mets tout de suite. Je ne peux pas continuer ainsi. Je trouverai… Du reste, je connais assez mon métier pour qu'on apprécie ma compétence et qu'on me donne très vite un emploi. Il n'était pas dans mes intentions de m'attarder dans votre ville, mais j'ai changé d'avis : j'y resterai au moins deux semaines. Voyez-vous, je cherche depuis toujours une vraie ville où la vie serait gaie et les gens de bonne humeur : j'étais sûr qu'elle existait quelque part ; je me réjouis de l'avoir trouvée.

LE JOURNALISTE : Je ne saurais vous dire si vous vous trompez. J'ai beau habiter la ville depuis longtemps, je ne puis savoir ce que vous y trouverez de bon ou de mauvais. Seulement, je crois qu'il faudra ménager un peu vos forces, surtout au début. On a tendance, les premiers temps, à se dépenser sans compter. On marche, on marche… Remarquez qu'on peut marcher dans bien des directions, vers des buts plus ou moins lointains et… plus ou moins rapidement. On peut même marcher sur les mains. *(Brusquement, il fait deux ou trois pas sur les mains.)* Ou, pourquoi pas, sur la tête.

L'EMPLOYÉ, *subitement effrayé, s'arrêtant* : Sur la tête ? Mais vous n'y pensez pas. Vous pourriez vous faire remarquer.

LE JOURNALISTE, *s'arrêtant à son tour et lui faisant face* : Vous ne tarderez pas à constater vous-même que personne jamais ne me remarque.

Il sort. L'Employé reste désemparé.

Obscurité.

CINQUIÈME TABLEAU

Même décor qu'au tableau II¹. Seul, l'arbre a changé d'aspect, son feuillage a jauni. Au pied de l'arbre, N. étendu. Il dort. Entre l'Employé.

L'EMPLOYÉ : Elle est venue ?

N., *se réveillant, d'une voix mécanique* : Elle ne peut pas ne pas venir.

L'EMPLOYÉ : Je suis très touché de la part que vous prenez à ce qui m'arrive… Mais il n'y a pas de quoi s'inquiéter, je vous assure. *(Pause.)* J'y suis. Nous avions bien rendez-vous ici à neuf heures et demie, mais… pas aujourd'hui, demain. *(Pause.)* Demain, demain, voilà, c'est demain. Une jeune fille de son monde ne peut tout de même pas fixer rendez-vous un jour pour le lendemain, cela ne se fait pas. *(Pause.)* D'ailleurs, Monsieur, voyez-vous, on pourrait croire qu'il y a des contretemps. Eh bien, non, il n'y en a pas. Notre petit malentendu m'a permis de commencer ma tournée dans le quartier. Je suis agent de la Société d'Isolation Thermique… Bien entendu, je n'ai pas encore conclu d'affaires. Ça ne va pas si vite. Il faut d'abord prendre contact, faire connaissance… Ce n'est pas un métier aussi grossier qu'on le suppose. La politesse y joue un rôle très important. Bien entendu, on y voit, comme partout, des gens qui manquent de savoir-vivre. Mais je rencontre quelquefois des personnes qui me parlent avec beaucoup de délicatesse. Ils disent : rien pour l'instant, si gentiment, que j'en reste très longtemps ému. *(Pause.)* Je me suis peut-être attardé, excusez-moi.

N., *se levant brusquement, inspiré* : Il est impossible qu'elle m'ait oublié. Elle ne peut pas ne pas venir. Elle est certainement passée tandis que je dormais. Non… J'aurais su qu'elle était là, je me serais réveillé.

L'EMPLOYÉ, *indigné* : Alors, c'est ainsi que vous vous acquittez des commissions qu'on vous donne ? Je sais, il fait nuit, personne à qui par-

ler, la tentation est forte. Mais, Monsieur, si vous
savez que vous dormez comme cela, sans cesse,
il fallait me prévenir, je n'aurais pas compté sur
vous. *(Pause.)* C'est bien ce que je pensais : elle
est venue et puis repartie.

> *Il lève le bras pour frapper N., mais
> suspend son geste.*

N., *penchant piteusement la tête et laissant pendre
les bras le long de son corps* : C'est vrai, je suis
impardonnable.

> *Il lève le bras dans la pose exacte du
> bras de l'Employé, le laisse un instant
> dans cette pose, puis s'en frappe violem-
> ment le visage. Au même instant, l'Em-
> ployé laisse retomber son bras. Donner
> l'impression que le bras de N. s'est substi-
> tué à celui de l'Employé.*

N., *reprenant sa pose précédente, tête penchée, bras
au long du corps* : Le sommeil n'est pas la mort.
C'est encore un piège de la vie. Comment ai-je
pu m'y laisser prendre ?

L'EMPLOYÉ, *reprenant sa marche habituelle* : Je ne
reste pas une minute de plus.

> *Il s'en va en courant. Pause. Puis, on
> entend des bruits qui se rapprochent.*

N., *se redressant* : C'est elle ! *(Très fort, mettant la
main en cornet devant la bouche.)* C'est moi, moi !
Je suis là, je vous attends.

Entre le Journaliste qui ne vient pas directement à N.

LE JOURNALISTE : Je ne savais pas que vous m'attendiez avec tant d'impatience. Il y a bien longtemps que nous ne nous sommes rencontrés. Vous ne vous souvenez pas ? Vraiment ? *(Riant.)* Je n'ai pas de chance. Il y a si peu de choses remarquables en moi... Ma personne ne laisse guère de traces dans la mémoire... *(Il tire son carnet.)* Pardonnez mon indiscrétion. Mais... vous n'attendiez pas que moi, vous attendiez aussi une femme... Elle porte un nom original et qui lui va très bien, comme d'ailleurs à toutes les femmes, un nom... léger. Deux L[1], deux I...

N. : Mais qui vous permet ?

LE JOURNALISTE : Deux l, deux i ; el, i ; el, i. Lili, Lili ! *(Il éclate de rire.)* Il n'est pas absolument inutile de connaître le nom de la personne qu'on recherche, moins important qu'on ne croit cependant. *(Pause.)* Je n'ai pas l'impression que vous mettiez une grande obstination à la chercher. Votre méthode s'inspirerait plutôt du laisser-faire. Est-ce que l'immobilité vous réussit ? Je crains que vous ne soyez assez souvent déçu. Vous êtes peut-être trop... prudent. Non, je me trompe ? Après tout, il se peut que vous fassiez preuve de sagesse. Ne me prenez pas trop au sérieux. Je souffre dans mes jugements d'une espèce de déformation professionnelle. Comprenez-moi.

> *Il se rapproche de N. au point de presque le toucher.*

N. : Je suis un lâche ; est-ce là ce que vous voulez dire ? Je le sais bien. Sinon, c'est moi qui serais allé à sa recherche. J'aurais couru tout droit devant moi, j'aurais traversé la ville, j'aurais brisé tous les obstacles. *(Pause.)* Elle a failli sortir dans les rues, la nuit ; on pouvait la blesser, la tuer même. En restant là, je suis devenu un meurtrier.

> *N. étend les bras[1] et tombe soudain, comme atteint d'une balle.*

LE JOURNALISTE : Vous exagérez tout. Meurtrier, non. N'est pas meurtrier qui veut. Croyez-en un vieux singe de journaliste qui a vu bien des choses, bien des faits divers.

N., *se relevant avec peine* : Je sais. J'ai commis une faute, une très grande faute[2]. *(À part.)* Mais si, au moins, on me laissait seul. Qu'est-ce qu'il y a ? Que me veut cet homme ? Qu'est-ce qu'ils me veulent tous ? Et l'autre, tout à l'heure, qui m'a étourdi de paroles. Je n'ai pas compris un seul mot de ce qu'il voulait dire.

LE JOURNALISTE : Vous parlez de votre jeune ami qui vient de partir ? Vous êtes un peu sévère. C'est dans votre nature, je sais. Au fond, je pense comme vous. Mais il me plaît. Il est persévérant, énergique ; à mon avis, il ira… assez loin. *(Il rit.)* J'aimerais rester encore un peu avec vous. Mais je suis très occupé. *(Changeant de ton.)* Avant de partir, j'aimerais vous poser une question, un peu particulière… On vous l'a peut-être d'ailleurs posée : quand vous êtes séparé d'elle depuis un certain temps, votre état physique change, n'est-ce pas, vous êtes nerveux, agité sans raison, couvert de sueurs, enfin, vous me comprenez… Tenez, en ce moment, vous êtes précisément dans cet état[1].

N., *effrayé* : Oui, mais comment savez-vous ? Vous savez donc tout ?

LE JOURNALISTE : Non pas tout, certaines choses seulement.

Il sort.

Obscurité.

SIXIÈME TABLEAU

Le bureau du Directeur de « l'Avenir ». Toujours pas de murs. À droite, à une table surchargée de papiers, le Directeur. Par terre, plusieurs piles de journaux d'un format démesuré. Entre N., titubant, les vêtements en désordre. On entend les coups de sifflet de la rafle.

N. : Où est Lili ? Ne me ménagez pas, je serai courageux. *(Il trébuche.)* Oh, je sais tout ! Mais les détails, je veux des détails. *(Pause.)* Je ne pouvais plus l'attendre, j'ai couru dans la nuit. Il y avait une telle foule dans les rues. Qu'est-ce qui leur prend? Ils sortent, ils se mettent à courir. J'ai eu du mal à passer.

> *Il s'essuie le visage avec un immense mouchoir.*

LE DIRECTEUR : Vous paraissez fatigué. Vous devriez vous reposer un peu. *(Pause.)* Je sais, l'ascenseur est très difficile à mettre en marche. C'est un appareil préhistorique. Moi-même, qui suis… plutôt robuste, comme vous voyez, je n'y arrive pas sans m'essouffler beaucoup. J'ai fait rédiger une pétition exigeant un nouvel appareil, mais sans résultat. Avarice, paresse, routine, le fait est là, les locataires ne l'ont pas signée. Tous rêvent de confort, de bonheur, mais dès qu'il s'agit d'y mettre le prix, plus personne.

N. : Où est Lili? Je ne devrais pas avoir à vous le demander. Mais je suis si vide, si perdu. Où est-elle?

LE DIRECTEUR : Que voulez-vous que je vous dise? Elle était là tout à l'heure, et puis elle est sortie. Elle ne me dit jamais où elle va.

> *Entre le Journaliste.*

LE JOURNALISTE, *au Directeur* : Je vous apporte l'article dont je vous ai parlé. Malheureusement, je n'ai pas le titre. C'est regrettable. Les titres ont plus de chance d'être lus que les articles de fond. Je n'ai jamais pu me résoudre à forcer l'attention des gens. Je rêve de les ame-

ner à comprendre les choses par eux-mêmes.
(Pause.) Je n'ai guère d'illusions à ce sujet, mais
je ne puis faire autrement. *(À N.)* Je vous trouve
mauvaise mine. Un conseil : vous devriez vous
surveiller.

N. : Je n'ai rien à perdre, pas même la vie ; je
l'ai donnée à Lili, en échange elle me donne la
mort. *(À voix basse.)* Elle m'a promis que je
mourrai de sa main.

LE DIRECTEUR, *au Journaliste* : Quel heureux
hasard ! Je voulais justement vous parler : j'ai
une grosse affaire en main.

Entre Lili.

LILI : Bonjour, tout le monde.

N. *(il s'approche de Lili)* : Enfin ! Lili, quel bonheur ! Si vous saviez… J'ai eu si peur pour vous.
(Pause.) Pourtant, au fond de moi, j'en étais
sûr… Vous ne pouviez pas ne pas venir, ce
n'était pas possible. *(Pause.)* Tuez-moi, vous voulez bien ?

LILI *(elle s'appuie sur l'épaule du Journaliste)* :
Mais il me semble que vous m'avez déjà parlé
de cela. Encore l'autre jour, je crois bien. Décidément, vous avez de la suite dans les idées.
(Elle rit.) Quel enfant vous faites ! *(Au Journaliste.)* Il lui faudrait un hochet. *(Elle agite ses
gants en l'air puis les tend à N. qui ne les prend
pas. Les gants tombent par terre. À N.)* On ne dit
pas merci ? *(À l'oreille du Journaliste.)* Il n'est pas
encore très éveillé.

LE JOURNALISTE, *à l'oreille de Lili* : Je ne suis pas

de votre avis. Je trouve, au contraire, qu'il pense trop, c'est ce qui le fatigue. Peut-être sait-il trop de choses... ou pas assez.

LILI : Vous doutez toujours de tout. C'est chez vous une véritable maladie. *(Chuchotant à l'oreille du Journaliste.)* C'est un bébé. Il me rappelle... Je ne sais plus son nom. Je ne peux pas retenir les noms propres, c'est idiot. *(Pause.)* Il n'a pas encore l'âge de raison. Tenez, je le vois très bien en culottes courtes.

> *Lili retrousse le pantalon de N. jusqu'aux genoux. Il se laisse faire.*

N., *au Journaliste, soudain, comme sortant d'un rêve* : Laissez-moi, ne me touchez pas.

LILI : Vous avez l'heure ? Déjà ! Ce n'est pas possible. Mais ne m'affolez pas ainsi, voyons ! Soyez raisonnable. Je suis encore en retard. Que faire ? *(Se tournant vers le Directeur.)* Je me sauve, au revoir, à tout à l'heure. Ne m'attendez pas.

LE DIRECTEUR, *sans lever la tête* : Lili chérie, je vous en prie, ne tardez pas trop. Pensez à moi. Dans cette époque troublée...

> *Lili et le Journaliste sortent. N. se dirige lourdement vers la porte.*

LE DIRECTEUR, *à N.* : Vous ne voudriez pas. Même moi, je ne me permets pas de passer par là. Vous, à plus forte raison...

N., *s'arrêtant* : Pourquoi ne l'ai-je pas giflé ? À un tel homme, on ne peut répondre que par des coups. Je ne suis pas un lâche, mais il me paralyse. Qui donc était cet homme ? Que me veut-il ? Pourquoi est-il toujours sur mon chemin ? *(Au Directeur.)* Elle reviendra, dites, elle reviendra ?

LE DIRECTEUR : Quelle question ! Je pense bien.

N. : Mais quand ? Je ne peux plus attendre, ni une année ni un jour. Je l'ai fait, je ne peux plus le faire.

LE DIRECTEUR : Je n'ai pas de temps à perdre.

> *Il se met à signer des feuilles avec fébrilité. On entend derrière la porte rire Lili et le Journaliste.*

VOIX DE LILI : Chéri !

> *Le Directeur écrit de plus en plus vite. Chaque fois qu'il prend une feuille, il en fait tomber d'autres, si bien qu'au bout d'un moment, le parquet est jonché de feuilles. Au milieu d'elles, comme noyé, N., toujours immobile.*
>
> *Obscurité totale. Même décor. Les personnages seuls ont changé. Le Directeur de « l'Avenir » est devenu le Directeur de l'Agence d'Isolation Thermique. En face de lui, à la place précise où se tenait N., l'Employé.*

L'EMPLOYÉ : Quand on n'arrive pas à temps… Par la force des choses… Mais je vous promets… Cela ne se renouvellera plus. Le matin, je suis toujours à l'heure. J'aime les rues, le matin, entre leurs rangées d'arbres, toutes fraîches, toutes neuves. Il y a des gens qui ne parviennent pas à se réveiller le matin, eh bien, pas moi. Les après-midi, oui, il m'arrive d'être en retard, mais comme je ne fais pas d'heures de présence, je croyais… Comprenez-moi… Je profite de l'heure des repas pour la chercher et je suis quelquefois entraîné plus loin que je ne voudrais. Je ne dis pas. Je n'ai pas encore conclu d'affaires importantes. Mais cela viendra. Je suis beaucoup mieux organisé à présent. Il faut croire en l'avenir. *(Pause.)* De toute manière, puisque je ne fais qu'un remplacement de vacances… Donnez-moi ma chance, vous voulez bien ? *(Pause.)* J'aime beaucoup mon travail. Vraiment, j'y prends goût. Tout le monde est charmant pour moi. Vous… pouvez vous informer. Vous ne recueillerez sur mon compte que d'excellents renseignements. J'en suis sûr, sûr, sûr…

> *On entend, venant des coulisses, le bruit d'une, puis de plusieurs machines à écrire. Très vite, la voix de l'Employé est entièrement couverte.*

Rideau

SECONDE PARTIE

Une rue. La nuit est presque noire.
À gauche, la terrasse d'un café qui vient de fermer
pour la nuit, chaises empilées les unes sur les autres,
tables retournées. Assis devant le café, tournant le dos
à la scène, l'Employé, les cheveux blancs, méconnais-
sable. Mêmes vêtements que de coutume, mais usés et
défraîchis.
Au fond de la scène, déserte, l'estrade.

L'EMPLOYÉ : Garçon, voilà une heure que je
vous appelle. Pour vous, une heure ça ne compte
pas… mais moi, je n'ai pas le temps, vous entendez. *(Pause.)* On ne voit plus très bien, ce n'est
tout de même pas la nuit, je m'en serais aperçu.
(Il se lève, fait quelques pas vers le fond.) Je ne
reconnais rien. Pourtant, je ne rêve pas. Cette
rue ne ressemble à aucune autre. *(Il sonne timide-
ment à la porte d'une maison. Personne ne répond.)* Je

m'en doutais, il n'y a encore personne. Je vais
attendre un moment. De cette façon, je suis sûr
d'être le premier. Il faut savoir perdre un peu
de temps pour en gagner.

> *Il sonne aussi timidement que la première*
> *fois et sans plus de succès. Il se met alors à*
> *marcher de long en large devant la porte.*
> *La scène s'éclaire. Entre le Journaliste.*

LE JOURNALISTE, *s'arrêtant* : Je suis bien content
de vous voir. Je désespérais de vous rencontrer.
Avez-vous remarqué comme les rencontres sont
choses étranges. Jadis, nous nous voyions souvent. *(Pause.)* Je vous trouve un peu amaigri. Je
vous ai reconnu tout entier dans votre coup
de sonnette. *(Pause.)* Vous marchiez beaucoup
jadis. J'espère que vous n'avez pas été trop privé
de votre exercice favori.

L'EMPLOYÉ : Un peu… malheureusement…

LE JOURNALISTE *(il s'assied, prend une chaise pour*
y poser ses pieds) : Le plus curieux, c'est que j'ai
fait aujourd'hui même une autre rencontre.
Quelqu'un que vous avez bien connu. Vous ne
pouvez pas l'avoir oublié. Si je me souviens
bien, il a été mêlé à votre vie. Vous vous en souvenez, il voulait mourir, mais d'une façon très
particulière. Sa détermination n'a pas changé,
ou plutôt si, elle a changé. Je m'excuse de vous
parler de ces choses. Peut-être ne vous intéres-
sent-elles plus ? *(Pause.)* Mais, au fait, vous étiez
fort préoccupé d'une femme… que vous cher-
chiez, je crois. La cherchez-vous toujours ?

L'EMPLOYÉ, *se remettant à marcher à travers la scène* : J'ai été malade ces derniers jours. Oh, rien de sérieux. Je vois bien pourquoi vous me trouvez changé. C'est peut-être ridicule, mais je ne peux supporter de garder la chambre, d'être enfermé d'une manière générale... Je suis alors perdu, je sors de moi-même... Je puis vous l'avouer maintenant, je ne vous avais pas reconnu. Je suis d'autant plus touché par votre sollicitude... Oh, remarquez bien que je ne me plains pas. J'ai été dédommagé par les assurances. Le seul inconvénient, c'est que, pour l'instant, je n'ai pas de situation.

Entre Lili à gauche.

LILI : Comme je suis malheureuse ! Les gens que j'aime me font des affronts abominables. Il lui a dit qu'Antoine [1] pouvait vivre très vieux, même si je l'abandonnais. Je n'ai pas compris... Ils prétendent que le journal continuerait de paraître. Comme si « Demain » pouvait exister sans moi... Les hommes mentent, c'est inimaginable.

Le Journaliste fait des signes à Lili et lui envoie un baiser. Lili fait comprendre d'un geste qu'elle va revenir très vite et sort à droite.

LE JOURNALISTE : Qu'avez-vous ? Seriez-vous amoureux de cette femme ?

L'EMPLOYÉ : Oh non, je ne me permettrais pas... Dans ma situation, vous comprenez...

L'essentiel est d'abord que je trouve une place.
Ensuite, bien sûr... D'ailleurs, c'est pour elle...
Justement, c'est pour elle que je m'interdis de
chercher à la revoir. Croyez-vous qu'on puisse
faire deux choses à la fois ? Croyez-vous que je
ne compromets pas notre amour d'une manière
irrémédiable si je ne me consacre pas exclusivement à mon avenir ? Je sais, peut-être d'autres
pourraient-ils le faire, mais moi, je me connais...
D'ailleurs, je voulais vous demander tout de
suite...

LE JOURNALISTE : Dans votre cas, je crois, en
effet, qu'il n'y a pas autre chose à faire. J'aimerais vous aider, croyez-moi. Mais vous semblez si
décidé que je ne puis vous être d'un grand
secours. Du reste, votre ambition est si limitée
que vous avez des chances de réussir. Quant à
l'adresse que vous cherchez, je pense que vous
aurez des difficultés à la trouver. Il est d'autant
plus difficile de s'orienter que ces immeubles
neufs modifient la physionomie des rues ; ils
sont si semblables les uns aux autres qu'il est
presque impossible de les distinguer, à moins
de fournir un grand effort d'attention dont on
n'est pas toujours capable. Mais vous savez tout
cela aussi bien que moi.

LE EMPLOYÉ : Sans doute avez-vous raison. Il faut
vraiment que je vous remercie. (*Le Journaliste
s'incline profondément devant lui et sort à droite.*) Je
vais réfléchir à tout cela. J'avais tort de croire...
(*Changeant de ton.*) Si vous pouviez faciliter mes
démarches pour obtenir cette adresse. L'adresse,

c'est le plus important. Attendez… *(S'apercevant soudain du départ du Journaliste.)* Mais…

> *Il sort précipitamment par la droite, à la suite du Journaliste.*

> *Obscurité.*

HUITIÈME TABLEAU

Même décor qu'au tableau précédent. Mais les objets qui étaient à droite sont à gauche et inversement.

Entre l'Employé, plus agité que jamais. Il semble chercher quelque chose. Il fait quelques pas désordonnés, s'arrête, repart.

Au lever du rideau, les commissionnaires, qui sont en coulisses, passent la tête pour observer la scène.

L'EMPLOYÉ, *s'arrêtant à gauche* : Enfin ! J'ai bien fait de ne pas me décourager. Je n'aurais peut-être pas reconnu l'immeuble, mais ce soleil oblique sur la façade, je ne peux pas m'y tromper. Éclairé de tous les feux du soir, c'est un peu un visage que frappe l'amour. *(Il se tourne à droite.)* Pourtant, je ne suis plus sûr… Il se peut aussi que ce soit de l'autre côté. C'est bizarre, je n'ai plus, les derniers temps, ce sens aigu de l'orientation qui me permettait toujours de me retrouver. *(Pause.)* Bien sûr… ça va de soi. Le bureau a simplement changé d'adresse. Mais, dans ce cas, il devrait y avoir une pancarte sur la porte : «Nos bureaux sont transférés»... *(Pause.)* Mais je ne rêve pas, c'est elle.

> *Rumeurs confuses au loin. Passe très vite la femme du premier couple, vieillie, les cheveux blancs, mais toujours vêtue de la même manière. À plusieurs reprises, elle s'arrête pour rajuster un paquet qui lui glisse des mains.*

L'EMPLOYÉ, *se précipitant derrière elle* : Excusez-moi, Mademoiselle. Je voudrais... Je crois vous reconnaître. Nous nous sommes rencontrés pour la dernière fois dans un jardin public. Vous vous souvenez? Je n'y suis pas retourné depuis, non. Devant le jet d'eau... L'air était empli de poussière. Je crois que ce jour-là, je vous ai fait attendre un peu. Je me le suis reproché, mais, croyez-moi, je... n'y étais pour rien. J'ai été retenu au dernier moment. Un rendez-vous dont dépendait tout mon avenir. *(La femme sort, il s'arrête.)* Mais non... Comment ai-je pu la confondre? Celle-ci est une employée qui gagne honorablement sa vie. Elle se lève au petit jour pour aller dans un bureau tout scintillant de lumière... Elle fait son travail dans l'ordre et le calme, entourée de collègues attentifs... *(Pause.)* Elle a peut-être un emploi important au bureau de placement. C'est elle qui doit surveiller les fiches... Mais, alors, j'aurais dû lui demander... Comme je suis étourdi!

> *Passe très vite la femme du second couple,*
> *également vieillie. Elle porte un enfant*
> *dans les bras.*

L'EMPLOYÉ : Vous cherchez quelque chose, Mademoiselle ? Je puis peut-être vous renseigner. De mon côté…

> *La femme sort à gauche. Il sort en cou-*
> *rant derrière elle.*

VOIX DE L'EMPLOYÉ (*ses paroles sont de plus en plus indistinctes*) : Je cherche… oui… Un grand immeuble tout blanc. Au soleil, il est transparent… comme le verre. Oui, beaucoup de portes… et… énormément de fenêtres aussi… (*Pause.*) Vous… bien vite… je ne… Quand comme vous… Toute-la-vie-de-vant-sou-a-a…

> *Entre-temps, la nuit est tombée. Com-*
> *plète obscurité. On entend l'Employé reve-*
> *nir, toujours en courant. Quand la scène*
> *s'éclaire, on aperçoit, à droite, les deux*
> *commissionnaires, raides et immobiles. À*
> *deux pas, l'Employé affalé contre un mur*
> *respire péniblement.*

L'EMPLOYÉ, *aux commissionnaires* : Vous pouvez peut-être me renseigner. Je voudrais… D'abord, savoir l'heure. Ce n'est pas la nuit, n'est-ce pas ? Le brouillard seulement. L'automne, c'est la saison des brumes.

> *Les commissionnaires saisissent l'Em-*
> *ployé par le bras. Il se laisse faire.*

L'EMPLOYÉ, *protestant poliment* : Merci. Vous êtes trop aimables. Ne vous dérangez pas... Il suffit que vous m'indiquiez... Je trouverai bien tout seul...

Obscurité.

NEUVIÈME TABLEAU

Une rue. Un peu à droite, l'horloge, sans aiguilles, beaucoup plus grande que dans la première partie. Il fait presque nuit. Sous l'horloge, étendu par terre, N.
Entre à gauche, en courant, la Pauvre Prostituée. Elle passe devant N., hésite, s'arrête, tourne la tête à droite et à gauche à la façon des marionnettes, puis revient sur ses pas, heurtant par mégarde N. qu'elle n'a toujours pas vu.
La rafle. Bruits habituels.

N., *relevant la tête* : Je vous attendais. Vous ne pouviez pas ne pas venir.

> *Des phares balayent la scène. Pour la première fois, on distingue nettement la Pauvre Prostituée.*

LA PAUVRE PROSTITUÉE, *recommençant son manège* : Ils sont là, là tout près... Ils se cachent...

N., *toujours étendu, absolument immobile, d'une voix défaite* : Il faut expier. Je n'avais pas à don-

ner mon amour en pâture à tous. Je n'avais pas à
provoquer tous les hommes qui l'aimaient par
ma perpétuelle présence. Ils ne pouvaient plus
le supporter. *(Pause.)* Exaspérés, ils l'ont tuée.
Cela ne pouvait pas ne pas finir ainsi. *(Il se lève et
reste immobile, seules ses mains s'agitent.)* Qui l'a
tuée ? Bien sûr, moi. Mais par quelles mains, et
comment ? Je l'ai su, je ne le sais plus. *(Pause.)*
Oui, une nuit, il était au volant, elle riait comme
personne n'a jamais ri. Les yeux fermés, il a tiré.
(Pause.) Mais pourquoi a-t-elle ri juste à cet instant ? *(Il passe une main sur ses yeux.)* Je ne me rappelle plus... Jamais je ne me le pardonnerai.

Il se recouche.

LA PROSTITUÉE, *précipitamment, avec frayeur* : Vous
êtes là comme une cible... On vous voit de loin.
Vous ne pouvez pas rester ainsi. Levez-vous.

N., *à voix basse, se cachant le visage de ses mains* :
La nuit dernière, j'ai rêvé de boue, d'une boue
qui avait mal. Elle se tordait de souffrance. Je
suis cette boue. *(Pause. Il étend les bras.)* Marchez
sur moi, tuez-moi, que cela finisse.

LA PROSTITUÉE : Comment voulez-vous ? Tous
les hôtels sont fermés, c'est bien trop tard.
(Tournant les yeux vers l'horloge.) Il est déjà dix
heures moins le quart. Dès la demie, nous
n'avons pas le droit... Vous savez bien, ce n'est
plus comment avant. *(Pause.)* Je ne devrais pas
être dehors, mais quelle rue prendre, comment
savoir de quel côté ils vont venir ? Comment
leur échapper ? *(Pause.)* J'ai froid.

> *La Pauvre Prostituée relève le col de son*
> *manteau. De nouveau des phares balayent*
> *la scène. Lumière moins forte que la pre-*
> *mière fois, comme venant de plus loin.*

N., *refermant ses bras et se levant* : N'ayez pas
peur. Je vous promets, je ne vous donnerai pas
d'ordres, pas même de conseils. Vous ferez
ce que bon vous semble. Marcher sur moi,
m'étouffer, m'étrangler...

LA PROSTITUÉE *(elle fait quelques pas, puis recom-*
mence à remuer la tête) : Ils sont là, tout près. Ils se
cachent... Mais où ? De quel côté peuvent-ils
bien venir ? Je payerais cher pour savoir...

N. : Je sais. Il faut payer, toujours payer[1]. *(Il ôte*
son veston, sa chemise et ses souliers, qu'il jette en tas
devant lui. Un grand mouchoir pend lamentable-
ment de sa poche.) Je vous donne tout ce que j'ai.

LA PROSTITUÉE : Vous allez attraper du mal.
Rhabillez-vous vite. *(Pause.)* Je n'avais pas vu
votre mouchoir. Il est bien, votre mouchoir...
(Elle rit d'un rire bref. Puis, sa main en visière
devant les yeux, elle cherche à voir ce qui se passe au
loin.) Avez-vous de bons yeux ? Pouvez-vous les
apercevoir ? Moi, je ne vois pas de loin.

N., *regardant dans le vide, d'une voix absente* : Je
ne vois rien.

LA PROSTITUÉE : Si on ne peut pas les voir, cela
ne veut pas dire qu'ils ne sont pas là. Vous
entendez ? Mais d'où vient ce bruit ? Chut !
(Dressant l'oreille.) Le malheur, avec les bruits,
c'est qu'on ne sait jamais d'où ils viennent. Ils

étaient dans le coin tout à l'heure, ils y sont encore, c'est certain. Le mieux serait de se réfugier dans une maison… Mais les concierges ont certainement ordre de ne pas ouvrir. *(Pause.)* Vous venez ? Vous n'allez pas rester là…

> *Bruits de pas au loin.*

N. : Je vous en prie.

LA PROSTITUÉE : Les voilà, je sais, je suis sûre. Ils sont là… Qui d'autre oserait ? Des pas si calmes dans la nuit. Rhabillez-vous vite. *(Elle ramasse la chemise et le veston de N. et les lui jette sur l'épaule.)* Ils nous emmèneront, ils nous frapperont.

N. : Frappe-moi. *(Pause.)* Ce trottoir est interdit, c'est ça ?

LA PROSTITUÉE : Celui-là comme les autres. C'était affiché la semaine dernière, vous savez bien… *(Pause.)* S'ils nous trouvent ici, ils nous piétineront.

N., *toujours absolument immobile* : Piétine-moi.

> *Bruits de pas au loin.*

LA PROSTITUÉE : Ils viennent. Ils sont là, tout près, tout près… Vous entendez ? Vous venez ? Qu'y a-t-il encore ? *(Pause.)* Tant pis. Je me sauve.

> *Elle sort en courant à gauche.*
> *N. reste un long moment étendu, dans une complète immobilité. Puis il se rhabille avec des gestes d'automate et sort à droite. Demi-obscurité. Scène vide. Obscu-*

*rité totale, puis lumière blanche. Entrent
les ouvriers du Service d'assainissement,
munis de seaux, de pelles et de lances
d'arrosage. Ils balayent la scène bien qu'il
n'y ait rien à balayer[1], l'arrosent en faisant des huit, puis sortent toujours silencieux. Scène de nouveau déserte. Le jour
se lève.*

Obscurité.

DIXIÈME TABLEAU

*Une cellule de prison. Une étroite bande de toile
grise violemment tendue traverse la scène de part et
d'autre. Derrière, on aperçoit le haut de l'arbre, de
l'horloge et de la pancarte, mais vus de dos.*

L'Employé va et vient. Il semble très fatigué.

L'EMPLOYÉ, *s'arrêtant* : Il ne peut pas y avoir
longtemps que je suis ici. De toute façon, je ne
resterai pas… Mais juste en ce moment… J'ai
peut-être manqué des occasions irremplaçables…
Pour une fois que je m'arrête… *(Pause.)* Et on
ne l'a pas prévenue. Peut-être que si. Alors, elle
viendra.

> *Entre, à droite, le Journaliste vêtu d'une
> robe d'avocat.*

LE JOURNALISTE : Ce n'est que moi. Comme je passais, j'en ai profité pour vous rendre visite. Vous… ne manquez de rien ?

L'EMPLOYÉ : Je savais bien que vous viendriez me chercher.

LE JOURNALISTE : Vous chercher ? Peut-être. Cela dépend de ce que vous voulez dire. Les choses ne sont pas si simples.

L'EMPLOYÉ *(il s'assied avec peine)* : Je n'ai pas eu à me plaindre jusqu'ici. On a été très correct avec moi, je dois le reconnaître. Mais il ne faudrait pas que cette situation se prolonge. Je voudrais…

LE JOURNALISTE : Quoi encore ? Vous ne nous faites pas la tâche facile. Je me demande si vous vous en rendez très bien compte. Mettez-vous un peu à notre place.

L'EMPLOYÉ : Je sais… Je n'ai pas toujours agi comme il aurait fallu. Je n'ai pas suivi tous vos conseils.

LE JOURNALISTE : Mais je ne vous en ai pas donné.

L'EMPLOYÉ : Excusez-moi, mais je voudrais savoir le nombre de jours que je dois encore passer ici, cela dans le cas où je ne partirais pas aujourd'hui, où ce serait une question de jours. *(Pause.)* On ne peut pas me garder encore longtemps, il n'y a pas de raison. *(Pause.)* Bien sûr, je ne connais pas les tenants et les aboutissants[1]. Mais vous, c'est différent, vous, vous devez les connaître.

LE JOURNALISTE : Je crois que vous surestimez ma position.

L'EMPLOYÉ *(il se remet à marcher péniblement en traînant les pieds)* : J'ai beaucoup réfléchi entre-temps. J'ai des projets de toute espèce. Non, ne craignez pas que je me disperse… Je sais très bien ce que je veux. Je crois pouvoir être bien-tôt… intermédiaire dans une affaire très inté-ressante. *(Pause.)* Je ne passerai pas par les agences. Pour un intermédiaire, il vaut mieux se présenter directement… Évidemment, ainsi, je risque quelque chose. Mais on n'a rien sans risquer… *(Pause.)* Et puis, de cette manière, cela peut aller beaucoup plus vite.

Il ralentit sa marche.

LE JOURNALISTE : Les choses peuvent aller assez vite, en effet.

L'EMPLOYÉ, *trébuchant de fatigue* : Du reste, j'ai d'autres projets. Vous connaissez ma vie, vous devinez lesquels. Si j'ai tellement hâte de sortir, c'est surtout à cause d'eux. Mais mieux vaut ne pas en parler. Vous ne pourriez pas les faire valoir, je ne crois pas… *(Il s'assied, puis insensible-ment se couche.)* Croyez-moi, je ne demande pas l'impossible. Je n'ai pas des exigences démesu-rées, je comprends très bien que dans certains cas on se heurte à des difficultés… C'est inévi-table. *(Pause.)* Je ne suis pas impatient ; je sais très bien que je ne pourrai pas changer le cours des choses. *(Le Journaliste acquiesce de la main.)* Mais, ce que je vous demande, c'est de leur faire comprendre… Vous y parviendrez très facile-ment. Je suis sûr qu'il suffira que vous leur expliquiez pour que tout s'arrange. *(Pause.)* Remarquez que je ne me fais pas de tracas exagérés. Je sais qu'on ne me veut pas de mal. *(Il se retourne péniblement. Jusqu'à la fin du tableau, on ne le verra plus que de dos.)* Je ne crains rien, je suis en parfaite santé, je peux marcher beaucoup, mais… je n'aime pas gaspiller mon temps. Voyez-vous, m'écarter ainsi de mes occupations, c'est beaucoup plus grave que ça n'en a l'air. C'est une question de jours, me direz-vous, mais un jour, ça compte, vous savez…

LE JOURNALISTE : Certes, nous le savons. Pourquoi croyez-vous toujours que les autres ignorent ce qu'ils doivent savoir ? *(Pause.)* Je crains que bien des choses ne vous échappent encore. Les événements ne se précipitent pas comme vous croyez. D'ailleurs, il me semble que vous entendez le temps d'une façon… un peu particulière. Comment savoir si ces moments que vous passez ici n'en valent pas d'autres, cette conversation par exemple. *(Changeant de ton.)* Voyez-vous, je n'ai pas tout à fait la même confiance en vous, j'ai peur qu'à l'audience vous fassiez des choses qui pourraient vous nuire. Ne dites rien avant de m'avoir consulté. *(Pause.)* Ne vous inquiétez pas. Même si vous ne me voyez pas, je serai là. Mais, au fait, êtes-vous sûr de bien voir ? *(Il fait quelques pas à reculons en direction du public.)* Là, vous me voyez ?

L'EMPLOYÉ, *se levant, le dos toujours au Journaliste et au public* : Non, je ne vois pas.

LE JOURNALISTE, *se rapprochant d'un pas de l'Employé* : Là, vous me voyez mieux ?

L'EMPLOYÉ : Non, je ne vois pas. *(Changeant de ton.)* Mais, c'est très ennuyeux, ça peut me gêner beaucoup dans mes affaires. Ça m'a peut-être gêné déjà, qui sait ? Il faut que je vous remercie. Une des premières choses que je ferai sera de me faire examiner les yeux. *(Pause.)* Oui, j'ai choisi les affaires, car les affaires, c'est… une affaire de chance, et de la chance, jusqu'ici, j'en ai plutôt eu. J'aurais mauvaise grâce à me plaindre.

> *Il titube et s'appuie contre le mur.*

LE JOURNALISTE, *d'un ton très sec* : Eh bien, je vois qu'on n'a pas à se faire de souci pour vous. Je vous laisse. Nous nous reverrons probablement encore, mais nous ne nous parlerons plus.

> *Il sort. L'Employé fait un mouvement dans sa direction.*

> *Obscurité.*

ONZIÈME TABLEAU

Le dancing. (Il s'est rétréci, le décor n'occupe que le milieu de la scène[1].)

La position des personnages est la même qu'au

tableau III. À gauche, à la même table, le Journaliste,
le Directeur et Lili. À droite, à deux tables différentes,
les deux couples jumeaux, vieillis, les cheveux blancs.
Pas de musique.

LILI, *au Directeur d'un ton excédé* : Laissez-moi.
Vous m'ennuyez, à la fin. Je ne m'occupe que
de ce qui vaut la peine… S'il veut rompre avec
elle, après tout, c'est son droit. Chacun ses idées.
Que tout est triste !

LE DIRECTEUR, *au Journaliste* : Précisément, nous
avons décidé d'augmenter le nombre des pages
du journal. « Demain » est trop mince. Autrefois, « l'Avenir » l'était aussi, je sais bien. Mais ce
n'est pas une raison. *(À Lili.)* À quoi penses-tu ?

LE JOURNALISTE, *comme si on s'adressait à lui* :
Nous ne pensons pas à grand-chose. À vrai dire,
les sujets de réflexion sont plutôt limités.

LILI *(elle se lève)* : Ce n'est pas une vie. On ne
me dit rien, on m'abandonne. Je pourrais mourir là, sur ma chaise, personne ne s'en apercevrait. Vous n'avez pas honte ?

LE JOURNALISTE *(il s'incline devant elle pour une*
danse) : Bien sûr, vous mourrez… Mais pas tout
de suite. Ce serait trop beau si les hommes pouvaient vous perdre si facilement.

> *Lili se lève, mais au lieu d'enlacer le*
> *Journaliste, elle fait quelques pas.*

LILI, *se retournant vers la femme du premier*
couple : Il est bien, ce tailleur. Mais je l'aimerais
mieux avec un bouton seulement. J'en avais un

pareil. Mais mes goûts ont changé, ou plutôt, c'est moi qui ai changé.

> *Lili se rassied. Le Journaliste l'attendait, les bras ouverts, mais, comme elle se rassied, il se rassied aussi. L'homme du premier couple se lève, fait quelques pas, invite à danser la femme du second couple, qui se lève, mais se rassied aussitôt. L'homme du premier couple s'assied à son côté. Pendant ce temps, l'homme du second couple s'est levé et a invité à danser la femme du premier couple. Même manège. Les couples se sont interchangés.*

LE JOURNALISTE : Ce n'est pas vous qui avez changé, Lili, c'est la mode.

LILI, *admirative* : Comment faites-vous pour tout savoir ?

LE JOURNALISTE : Comme cela.

> *Il se met à tourner sur lui-même comme un derviche, d'abord très vite, puis de plus en plus lentement.*

LILI, *assise, immobile* : Ne me faites pas tourner. Cela me donne le vertige. Je vois tout à l'envers. Pitié !

> *Le Journaliste se rassied, Lili se lève, fait quelques pas, ébauche un mouvement de danse, mais, très vite, on s'aperçoit que ce n'est qu'une variation de sa démarche. Le Journaliste prend Lili par la main,*

fait le tour de la scène avec elle, puis
revient à l'endroit précis d'où il est parti.

LE JOURNALISTE, *s'inclinant devant la place qu'il*
occupait tout à l'heure, à présent vide: Je vous ai
pris Lili, je vous la rends.

> *Lili se rassied. Le Directeur essaie de*
> *lui saisir la main, mais n'y parvient pas.*
> *Lili lui tourne le dos et sourit à l'homme*
> *du premier couple. La femme du second*
> *couple sourit au Journaliste. Pause. Les*
> *deux hommes des couples jumeaux vont*
> *inviter leurs anciennes compagnes qui se*
> *lèvent, mais se rassoient presque immé-*
> *diatement. Les hommes s'asseyent à leurs*
> *côtés. Tout est rentré dans l'ordre : les*
> *couples sont maintenant formés comme*
> *au début du tableau. Pause. Immobilité.*
> *Le premier couple se lève et sort à droite.*
> *Le second couple se lève, mais se rassied.*
> *Nouvelle pause.*
> *Le Journaliste, Lili et le Directeur gar-*
> *dent la même pose. Lili tourne encore le*
> *dos au Directeur, le Journaliste a toujours*
> *la main levée. Quand il la baisse, Lili se*
> *lève. Ébauche de danse. Le Journaliste se*
> *dirige vers la femme du second couple,*
> *mais elle s'est déjà levée pour sortir, il s'in-*
> *cline alors devant sa chaise vide. L'homme*
> *du second couple fait quelques pas vers*
> *Lili, mais s'arrête à mi-chemin et retrouve*
> *sa compagne à la sortie. Le Directeur essaie,*

toujours sans succès, de saisir la main de Lili puis, de guerre lasse, il se lève, sort et revient habillé en Gérant. Aussitôt, il enlève tables et chaises et va les porter dans les coulisses. Il revient habillé comme au début : il est de nouveau le Directeur, de « l'Avenir ». Lili, le Journaliste et le Directeur se lèvent.

Obscurité.

DOUZIÈME TABLEAU

La rue. Même décor qu'au tableau I.
Entrant à gauche, Lili, le Directeur et le Journaliste. À droite, les bras étendus en croix, le cadavre de N.
La démarche de Lili n'a pas varié, mais elle trahit maintenant sa pauvreté réelle.
De son côté, le Journaliste apparaît sous un jour presque pitoyable.

LILI *(elle veut s'appuyer sur l'épaule du Directeur, mais n'y parvient pas)* : J'ai mal partout. Je suis toute courbatue, toute brisée. On ne m'a pas laissé me reposer un seul instant. Comme je suis malheureuse ! *(Elle fait quelques pas et heurte le cadavre de N.).* Tiens, qu'est-ce que c'est ?

LE JOURNALISTE : Si je ne me trompe pas, c'est

N. Il a été écrasé… Par une voiture probablement. On ne voit pas toujours venir les choses.
(Pause.) En somme, il a eu ce qu'il voulait. À
peu de choses près…

LILI : Je ne sais pas où j'ai la tête. Je croyais
qu'on pouvait y aller à pied, que c'était à deux
pas. J'avais oublié que la rue était cernée, qu'il
fallait faire le tour… C'est très simple, j'oublie
tout.

> *Elle se couvre la tête de ses mains.*

LE DIRECTEUR : Lili, il est temps. Tu m'avais
promis…

LILI, *très fort* : Me voici.

LE DIRECTEUR, *au Journaliste* : Je vous enlève
Lili pour un moment. J'espère que vous ne
m'en voudrez pas.

LE JOURNALISTE : Pas le moins du monde.
(Pause.) Je suis peut-être le seul à pouvoir me
passer d'elle.

LE DIRECTEUR : Je vais en avant chercher une
voiture. Lili, rejoignez-moi. Oh ! je ne me fais
pas d'illusions. Il en passe quelquefois, mais
elles n'aiment pas s'arrêter, ça se comprend.

> *Il sort à gauche en agitant ses bras au-
> dessus de sa tête.*

LILI : Je viens… Je viens…

> *Elle ne bouge pas.*

LE JOURNALISTE : Vous restez ? Cette fois, est-ce
moi que vous vouliez voir ? Je ne le crois pas,

mais cela me touche quand même beaucoup. Malgré mes occupations, je ne suis pas aussi insensible qu'il paraît. Ma tâche m'écrase parfois, mais personne ne semble s'en rendre compte. C'est normal, sinon elle serait accomplie.

Pause.

LILI : M'aimes-tu toujours?

LE JOURNALISTE, *agacé* : J'aime… J'aime… Mais mon amour n'est pas comme le leur. Ils veulent toujours des preuves. Comme si on pouvait en donner!

LILI : Mais vous avez votre travail. C'est un idéal qui en vaut bien un autre, et qui procure de telles joies!

LE JOURNALISTE : Je suis trop scrupuleux. On me croit curieux, méticuleux, parce que je note tout ce que je vois et entends. Mais les gens ne comprennent pas que si je le fais, c'est pour eux, pas pour moi. D'autant plus que je recommence sans cesse le même travail, les mêmes mornes observations. Je pourrais dire que c'est ennuyeux si j'avais jamais espéré en tirer de la joie. *(Pause.)* On reprend parfois mes idées sans dire qu'elles sont de moi[1]. Mais on ne sait pas mieux s'en servir.

LILI : Vous m'aviez dit que vous m'aimiez. Comme je me suis trompée! Savez-vous que je vous ai cherché partout. Je suis allée jusqu'à l'aérodrome. J'y ai rencontré Georges, il cherchait Andrée; nous sommes partis ensemble. En rentrant, devinez qui je vois? Antoine qui

croyait avoir rendez-vous avec moi. Je lui ai
demandé où vous étiez. Il n'en savait rien. J'ai
vu aussi Pierre. Il avait oublié ses papiers. Il a
été les chercher en face. Je l'ai attendu une
heure, deux heures, je ne sais plus. Il n'est pas
revenu. Je crois qu'il a été ramassé, ou bien tué,
en traversant la rue. *(Pause.)* Je vous ai attendu
comme cela jusqu'à la tombée de la nuit. J'ai
couru dans les rues, les gens me prenaient pour
une folle. *(Pause.)* Ce n'est pas bien. Tu m'avais
pourtant promis...

> *Elle enlève un de ses souliers et se fric-*
> *tionne le pied.*

LE JOURNALISTE : Je ne promets jamais rien.
(Lili pleure.) Voulez-vous que nous passions la
soirée ensemble ?

LILI : Ce n'est pas possible. On m'attend, je
n'y peux rien. *(Pause.)* Je me sens si lasse !

LE JOURNALISTE : Comme vous voulez.

LILI : Pas aujourd'hui. Un autre jour, vous
choisirez l'heure vous-même. Je ne peux pas
vous dire maintenant...

> *Lili enlève son chapeau, s'assied sur le*
> *rebord du trottoir et prend sa tête entre les*
> *mains.*

LE JOURNALISTE : Lili !

> *Lili ne répond pas. Elle s'affaisse, baisse*
> *la tête. Ses cheveux lui tombent dans les*
> *yeux.*

VOIX DU DIRECTEUR, *venant des coulisses* : Enfin,
'ai trouvé !

> *Lili se relève, puis, appuyant distraite-
> ment la main sur la tête du Journaliste,
> remet son soulier.*

LILI : Je viens, je viens !

> *Elle sort dans la direction opposée.*

VOIX DIVERSES : Lili ! Lili !

> *Le Journaliste, debout immobile au
> milieu de la scène déserte, a un geste de
> résignation lasse, relève son col et sort len-
> tement. Puis, très loin, deux coups de sifflet
> presque imperceptibles. Obscurité complète.
> Silence. Peu à peu, le petit jour, la lumière
> monte. Entrent les ouvriers du Service
> d'assainissement, munis de seaux, de balais
> et de lances d'arrosage[1]. La lumière monte
> toujours. Les ouvriers, tout en accomplis-
> sant leur travail, s'approchent du cadavre
> de N. et le poussent comme une ordure
> ménagère vers les coulisses où ils ne tar-
> dent pas à disparaître derrière lui. Au
> moment précis où le balai touche N., la
> lumière se fait très forte et très crue.*

> *La scène reste déserte un long instant,
> toujours dans la même clarté insoutenable.*

> *Rideau.*

1947.

DOSSIER

CHRONOLOGIE
1908-1970

1908. 23 août : Naissance d'Arthur Adamov à Kislovodsk, dans le Caucase, au sein d'une famille russe richissime, d'origine arménienne, propriétaire de puits de pétrole sur la Caspienne à Bakou. Petite enfance à Bakou, où le père, dans un attentat, est blessé par les *dachnaks* (membres du mouvement nationaliste arménien) qui menacent également d'enlever la sœur aînée Armik.

1914. Juin : À la suite d'une épidémie de choléra qui s'est déclarée dans la région de Kislovodsk, la famille part voyager en Allemagne, où le père, joueur invétéré, souhaite faire le tour des casinos.

Août : Surprise en Allemagne par la guerre, la famille se réfugie en Suisse.

1914-1922. Séjour à Genève où les émigrés sont en butte à la xénophobie.

À partir de 1916, il fréquente l'école Rosset (école privée).

En 1918, les puits de pétrole sont nationalisés par l'Armée rouge qui envahit le Caucase, ce qui signe le début de la ruine des Adamov.

Adamov assiste fasciné à *Macbeth*, dans la mise en scène des Pitoëff, émigrés eux aussi à Genève, très liés avec les Adamov.

1922-1924. Séjour dans la Rhénanie occupée, à Wiesbaden. Adamov fréquente le lycée français de Mayence, se lie avec Victor, son condisciple, d'une amitié qui durera jusqu'à sa mort et qu'il mettra en scène dans *Le Ping-Pong*.

1924.   Comme beaucoup de Russes réfugiés en Allemagne, les Adamov émigrent en France, à Paris, puis à Bourg-la-Reine. Adamov est interne au lycée Lakanal. Avec Victor, il publie dans *L'Endehors*, journal anarchiste, un article intitulé : « Vive l'anarchie ! » Il écrit des poèmes surréalistes qu'il envoie à Paul Eluard, qui lui témoigne sa sympathie tandis qu'André Breton l'écarte avec mépris.

1927.   Avec Victor, il fait jouer au Studio des Ursulines sa première pièce *Main blanche* qui dure cinq minutes, en même temps qu'une pièce de Ribemont-Dessaignes, avec Tania Balachova, Raymond Rouleau et Sylvia Maklès (épouse de Georges Bataille). Il rencontre Roger Gilbert-Lecomte, qui assiste au spectacle avec Joan Miró : début d'une amitié qui ne finira qu'avec la mort de Gilbert-Lecomte. En août, il participe aux émeutes fomentées par les anarchistes et les communistes pour la libération des anarchistes Sacco et Vanzetti, condamnés à la chaise électrique. Il rencontre Georges Bataille. Il crée une revue, *Discontinuité*, avec comme collaborateurs Georges Neveux, Jean Carrive, Jacques Prévert, etc. Il fréquente la bohème de Montparnasse, passant une bonne partie de son temps au Dôme où il rencontre Roger Blin, Alberto Giacometti, Antonin Artaud, etc. Il commence à boire.

1928.   Il assiste à la première du *Songe* de Strindberg, au Théâtre Alfred Jarry, le 2 juin, dans la mise en scène d'Artaud. Il soutient Artaud contre les surréalistes. Premier amour pour Irène, fiancée à un jeune Berlinois qui veut l'épouser et à qui il fait un chantage au suicide, se jetant sous un taxi sous ses yeux. Elle le surnomme « Ern ». Exhibitionniste, elle l'initie aux pratiques sadomasochistes auxquelles il s'adonnera jusqu'à la fin de sa vie dans une « humiliation sans fin ». Il fréquente Roger Vailland. Il lit avec passion *Les Enfants terribles* et rencontre Jean Cocteau qui l'aide financièrement. Menacé d'être expulsé hors de France pour avoir participé aux émeutes anarchistes de 1927, il est amnistié grâce à l'intervention d'André Malraux.

1933. En janvier, son père s'empoisonne au gardénal, une nuit, dans la chambre à côté de la sienne, suicide dont il gardera longtemps un sentiment de culpabilité. Adamov habite un atelier, rue Hippolyte-Maindron, face à celui de Giacometti. Voyage au Portugal, sur les plages, puis à Lisbonne. En juillet, retour à Paris, où il rencontre Méret Oppenheim, à qui il dédie cinq poèmes d'amour que publient les *Cahiers du Sud*.

1934. Invité à Strigova, village slovène, chez un médecin qui veut se perfectionner en français.

1935. Il rencontre Marthe Robert au Dôme. Il traduit le *Livre de la pauvreté et de la mort* de Rilke.

1936. Il ne participe pas au Front populaire car il est en voyage en Irlande. De retour en France, il se rend à Camaret pour rencontrer, dans son manoir, Saint-Pol-Roux dont il admire la poésie. Il habite à Paris, rue des Canettes, dans le même hôtel misérable que Roger Gilbert-Lecomte. Il rencontre au Dôme Gustav Bolin, jeune peintre suédois.

1938. Il commence *L'Aveu*, essai autobiographique et traduit *Le Moi et l'Inconscient* de Jung.

1940-1941. À partir de juin 1940 : Début de l'Exode et départ pour Marseille où, un soir de rafle, il passe la nuit au théâtre, au milieu d'un décor de *Lorenzaccio*. Il retrouve Breton, en partance pour les États-Unis, avec qui il se réconcilie. 8 mai-10 novembre 1941 : Adamov est arrêté puis conduit au camp de concentration d'Argelès pour propos hostiles au gouvernement de Vichy. Novembre 1941 : Il vit à Marseille chez Irène et son mari.

1942. En janvier, retour à Paris. Sa mère meurt de tuber-
culose, seule à l'hôpital. Il retrouve Roger Gilbert-
Lecomte, totalement intoxiqué par la drogue, à qui
il demande de revoir *L'Aveu*, quasi achevé, qu'il lui
dédiera *post mortem*. Mort de Roger Gilbert-Lecomte
peu après, en 1943. Adamov travaille comme livreur
dans une librairie de la rue Saint-Placide.

1945. Parution de *L'Aveu*. Il crée avec Marthe Robert une
revue, dont le titre est un hommage à Arthur Rim-
baud, *L'Heure nouvelle* (avec comme collaborateurs
Noël Roux, Jacques Prévert, René Char, Antonin
Artaud et des textes posthumes de Roger Gilbert-
Lecomte), dont il paraîtra deux numéros (1945 et
1946). Lecture de *La Nausée* de Jean-Paul Sartre.
Avec Marthe Robert, il rend visite à Artaud, interné
à l'asile de Rodez depuis le début de la guerre.
Ils parviendront non sans mal à l'en faire sortir. Il
assiste à *La Danse de mort* de Strindberg, mise en
scène par Jean Vilar.

1947. Il assiste à *Richard II* de Shakespeare, mis en scène
par Vilar, spectacle dont il prendra la défense dans
Combat. Il assiste au *Procès*, adapté par Gide, mis en
scène par Jean-Louis Barrault. Il écrit *La Parodie* et
traduit *La Mort de Danton* de Büchner, créée l'année
suivante par Vilar au 2e Festival d'Avignon (juillet
1948). Il rencontre Jacqueline Autrusseau qu'il surnomme « le Bison » et qui sera sa compagne jusqu'à
la fin de sa vie.

1948. Le 13 janvier, il assiste, bouleversé, à la conférence
donnée par Artaud au Vieux-Colombier. Il écrit
L'Invasion, pièce partiellement autobiographique
(née de la souffrance éprouvée à la mort de Roger
Gilbert-Lecomte à devoir trier les papiers laissés
en désordre par son ami, souffrance dont il fait le
thème de la pièce).

1949. En été, il voyage sur la côte où il fait lire *L'Invasion*
à Gide qui aime la pièce. Il écrit *Le Désordre* puis *La
Grande et la Petite Manœuvre*.

1950. Pendant qu'il écrit *Le Sens de la marche*, il rédige, en deux jours et trois nuits, *Le Professeur Taranne*. Il se lie avec Ionesco.

1951. Il écrit *Tous contre tous* et *Comme nous avons été*. Il est invité en Allemagne pour des lectures.

1952. Il écrit *Les Fêtes de l'Indépendance* et *L'Agence universelle*, deux pièces radiophoniques qui seront diffusées l'année suivante.

1953. Brouille restée inexpliquée avec Ionesco. En été, voyage en Italie (Venise, Gênes) puis en Corse.

1954. Il assiste, fasciné, au spectacle du *Berliner Ensemble* qui vient à Paris pour la première fois.

1954-1955. Il écrit *Les Retrouvailles*, puis *Le Ping-Pong*, ainsi que *Strindberg*, remarquable essai critique. Pendant l'été 1955, voyage en Italie (Naples). Il commence *Paolo Paoli*, boit de plus en plus et se drogue à l'héroïne. Voyage en Yougoslavie. Il s'installe à Paris avec le Bison à l'hôtel de Seine où ils logeront dix ans.

1956. Il achève *Paolo Paoli* qui sera publié en 1957.

1957. Se fait naturaliser français.

1958-1959. Il travaille au *Printemps 71* et à *La Politique des restes*. Il rencontre Bertolt Brecht. Invité aux États-Unis pour la première du *Ping-Pong*, off Broadway. Du 13 mai 1958 jusqu'au référendum du 29 septembre : il écrit trois courtes pièces en prise directe avec l'actualité politique. 30 mai : *Les Apolitiques* (écho des événements qui se sont déroulés en Algérie le 13 mai). Juin : *Intimité* (attaque contre de Gaulle et sa solidarité avec le grand capital). Juillet : *Je ne suis pas français* (satire de la prétendue fraternisation franco-musulmane).

1959. Il écrit *En fiacre*, pièce radiophonique. Il rencontre Arthur Miller et sa femme, Marilyn Monroe.

1960. Création à Villeurbanne des *Âmes mortes* de Gogol, par Roger Planchon, dans l'adaptation d'Adamov. Adamov signe le *Manifeste des 121* qui proclame le droit à l'insoumission contre la guerre d'Algérie. Il est invité en Suède dans le courant de l'hiver.

1961. Adamov épouse Jacqueline.

1962. Il termine *La Politique des restes*, écrit *Le Temps vivant* et *Finita la commedia*, deux pièces radiophoniques.

1963. Septembre : Il est invité au Festival d'Édimbourg où il se lie avec John Arden. De plus en plus angoissé, miné par l'alcoolisme, il commence une psychothérapie. Il continue son œuvre autobiographique avec *Ici et maintenant*.

1964. Conférences aux États-Unis. Sa santé physique se délabre : congestion pulmonaire sévère.

1966. Janvier : Il termine *Sainte Europe* et écrit *L'Homme et l'Enfant*, œuvre autobiographique. Mai : Cure de désintoxication à la maison de santé d'Épinay. Juin : Invité en Finlande, où il rencontre Asturias. Octobre : Nouvelle hospitalisation à la maison de santé d'Épinay, puis à la Pitié.

1967. En janvier : Installation avec Jacqueline pour la première fois dans un appartement (rue Champollion) et non plus à l'hôtel. Hospitalisé à Beaujon, il écrit *M. le Modéré*.

1968. Du 3 au 5 octobre : il écrit un fragment, resté inédit, *Les Deux Marie*, en réponse aux événements de Tchécoslovaquie. Il écrit ensuite *Off Limits*, pièce qui se fait l'écho des deux séjours aux États-Unis (1959, 1964). Il écrit *Je... Ils...*, essai autobiographique.

1969. Il écrit *Si L'été revenait* (pièce qui se fait l'écho du séjour en Suède de 1960).

1970. 15 mars : Suicide d'Adamov.

HISTORIQUE ET POÉTIQUE
DE LA MISE EN SCÈNE

« *La Parodie* et *L'Invasion* m'avaient demandé cinq ans de travail », déclare Adamov dans la « Note préliminaire » écrite en 1955 pour l'édition du deuxième tome de son théâtre chez Gallimard. L'écriture de *La Parodie* lui a coûté en effet bien des nuits d'insomnie, comme il le confie dans *L'Homme et l'Enfant*, dans la partie du journal écrite en 1945 : « Je me demande si je pourrai ou non achever *La Parodie*. J'ai beau chercher le ton des personnages, il ne vient pas. Désespéré, je dors tout habillé, n'ai même plus le courage de défaire les draps.

» Et puis un matin, le ton de "l'employé" m'est donné, le lendemain le ton de N., le surlendemain le ton de Lili. Je ne m'inquiète plus, j'aurai le ton du quatrième personnage important, le "journaliste", le quatrième matin ; mais le quatrième matin, je me réveille, je ne l'ai pas. Je ne l'aurai jamais. »

En 1947, quand la pièce est quasi terminée, d'autres soucis l'assaillent pour trouver un éditeur et un metteur en scène. Il lit alors lui-même le texte à Artaud, le donne à Blin, comme il fait lire aussitôt après *L'Invasion* à Vilar. Tous deux sont bouleversés par la violence de la pièce et conquis par sa force novatrice. « Une idée enfle dans ma tête, abusive, en chassant toutes les autres : être joué », écrit-il dans *L'Homme et l'Enfant*. « Blin parle bien souvent de monter *La Parodie* et Vilar *L'Invasion*, mais où ? comment ? Il faudrait un mécène. » Adamov a pourtant beaucoup de mal à faire éditer la pièce. C'est grâce au soutien de Jean Paulhan et à l'aide d'un certain nombre de lecteurs enthousiastes, et pas des moindres, qui écrivent en guise de préface des articles, qu'elle est publiée en 1950, aux éditions Charlot, avec *L'Invasion*. « Vilar nous conseille de publier *L'Invasion* et *La Parodie*, précédées de témoignages d'écrivains, artistes, critiques célèbres. J'hésite, puis admets, finis même par m'enthousiasmer », écrit encore Adamov dans *L'Homme et l'Enfant*. « [...] Gide, Lemarchand, Vilar, René Char, Blin, Henri Thomas, Prévert acceptent de "témoigner" en faveur de mes pièces, dans un *Avertissement* du livre que les éditions Charlot publieront[1].

» Décembre, le livre paraît. Il va falloir à présent aller dans les salons, faire mousser le nom de Gide, de tous mes défenseurs. »

Les difficultés auxquelles se heurte Adamov pour la création de la pièce sont plus grandes encore. Blin, qui désire ardemment la monter, rencontre de multiples problèmes matériels. « Dès que *La Parodie* a été écrite, Adamov, avec qui j'étais très ami, m'a fait lire son texte et j'ai immédiatement désiré le monter. Mais il a dû patienter longtemps avant que je puisse réaliser ce projet car mes associés de la Gaieté ne voulaient pas en entendre parler. La pièce ne leur plaisait pas et le personnage d'Adamov ne leur était pas sympathique. [...] nous étions, Adamov et moi, sentimentalement très attachés à sa première pièce, peut-être parce qu'elle avait été le prétexte d'une grande amitié entre nous, et j'avais fait le serment, autant que je puisse jamais faire de serment, de monter *La Parodie* un jour. » Si Blin (né en 1907) a derrière lui une longue carrière d'acteur, il n'a encore aucune notoriété de metteur en scène, n'ayant jusqu'alors signé qu'une mise en scène, *La Sonate des spectres* de Strindberg, en octobre 1949. Il se rendra vite célèbre après *La Parodie*, car il créera plusieurs pièces de l'avant-garde, notamment, l'année suivante, *En attendant Godot* (1953) de Beckett, puis *Fin de partie* (1957),

---

1. Voir Annexe 1.

La Dernière Bande (1960), *Oh les beaux jours* (1963). Il mettra en scène également *Les Nègres* (1959) et *Les Paravents* (1966) de Genet, spectacle à propos duquel ont été écrites les si belles *Lettres à Roger Blin*. Mais il n'a pour l'instant ni renom ni moyens financiers. Les répétitions, commencées en 1948, sont très vite interrompues, faute d'argent. « Printemps 1948 », écrit Adamov dans *L'Homme et l'Enfant*. « Répétitions de *La Parodie* à l'Œuvre. Le directeur du théâtre, M. Beer, me promet de payer le spectacle, il ment, il ne le paiera pas. Les répétitions ne lui coûtent rien, nous répétons donc. Metteur en scène prévu : Roger Blin.

» Un mois passe. M. Beer ne fait même plus semblant de vouloir donner suite à ses promesses, les répétitions s'arrêtent. »

C'est en Allemagne, en 1951, où il est invité, qu'Adamov donne la première lecture publique de la pièce. « Toujours pas d'argent », écrit-il dans *L'Homme et l'Enfant*, « ou si peu. Invités au Festival d'Erlangen, nous y allons. [...] Lecture de *La Parodie* en français. »

Blin doit attendre deux ans pour pouvoir créer le spectacle au Théâtre du Nouveau Lancry. « Le Théâtre Lancry était l'ancienne salle des fêtes d'un syndicat quelconque, confie-t-il dans *Souvenirs et propos*[1], qu'un ami à nous avait transformée en un petit théâtre où il avait monté différentes choses depuis deux ans. Juste avant nous, pendant l'hiver 1951, il y avait eu *Les Chaises* de Ionesco, avec Tsilla Chelton et Paul Chevalier. Ils étaient tous les deux extrêmement drôles, la mise en scène était de Sylvain Dhomme. Adamov n'a pas raté une seule représentation des *Chaises*, et chaque soir, à quelques endroits précis de la pièce, il se levait et applaudissait très fort, puis se rasseyait. » Entretemps, avec Adamov, Blin a sollicité amis et relations pour réunir les fonds nécessaires aux répétitions. « Nous avions monté *La Parodie* grâce à des souscriptions, confie-t-il. Adamov était allé taper différents amis et beaucoup nous ont soutenus. Adamov avait entre autres sollicité André Mal-

---

1. Roger Blin, *Souvenirs et propos recueillis par Lynda Bellity Peskine*, Gallimard, collection blanche, 1986.

raux, qu'il avait connu dans le passé. Malraux entre-temps
était devenu ministre du général de Gaulle, il a répondu à
Adamov qu'il ne pouvait pas l'aider. Adamov a donc écrit
une seconde lettre où il disait : "Je vois, monsieur Malraux,
que le Général vous fait oublier le Particulier." » Adamov de
son côté note en 1951, dans *L'Homme et l'Enfant* : « Paris. Je
passe l'hiver à ramasser, sou par sou, de l'argent pour *La
Parodie*, à supplier Roger Blin de la monter. Il n'en a pas envie
mais, fatigué, se laisse convaincre. » (Il faut noter ici l'injus-
tice d'Adamov qui, exaspéré par tous les obstacles auxquels
il se heurte, méconnaît l'énergie déployée par Blin.)

La pièce est enfin créée le 3 juin 1952 grâce à la géné-
reuse obstination de tous les participants. Vieira da Silva
peint le circulaire bénévolement. « Pour *La Parodie*, confie
Blin, j'ai eu la chance extraordinaire de bénéficier de
l'amitié d'un très grand peintre, Helena Vieira da Silva,
qui a fait pour la pièce un travail formidable. Elle a peint
sur des portants une ville entière, cette énorme ville hostile de *La Parodie*. Grâce à elle, nous avons eu un décor
magnifique. Elle a été extrêmement chic. C'était un travail
long à réaliser, elle l'a fait par amitié pour nous, bénévolement. » Blin, faute d'argent, réalise les éclairages avec des
moyens sommaires, ce qui, de fait, accentue l'originalité
de leur irréalisme. « Dans *La Parodie*, confie-t-il, il y avait
des tas de choses très baroques, surréalisantes, et notre
réalisation n'était pas trop mal. J'ai essayé de faire des
choses du point de vue de la lumière. Nous avions extrêmement peu de projecteurs et je ne pouvais pas faire
autant de points lumineux que je voulais. Un copain extrêmement gentil avait accepté de tenir, à partir d'un balcon,
un projecteur avec lequel il suivait les déplacements des
acteurs, trop peut-être, mais ça l'amusait beaucoup. Avec
des lampes de poche on s'arrangeait également pour éclairer des coins de la scène, quand il le fallait. J'avais inventé
pour l'occasion un projecteur à rhéostat mais sans rhéostat. On faisait défiler devant l'ampoule une pellicule de
plus en plus sombre qui nous permettait de régler l'inten-
sité de la lumière. C'était de l'artisanat primitif. Nous

devions inventer pour faire face. Cela m'a appris beaucoup de choses. » Il procède de même pour le bruitage : « J'avais, pour *La Parodie*, utilisé une bande où j'avais enregistré différents bruits. J'avais moi-même émis des cris aigus, graves, lancinants et des choses un peu chantées pour faire les clameurs de la foule. Il fallait le bruit off d'une armée en marche et toute sorte d'autres bruits. En dehors des bruits de mitraillette, que j'avais repiqués de bandes de la radio et que j'aurais enregistrés moi-même si j'avais su imiter le bruit de la mitraillette, j'ai tout fait à partir de voix humaines car cela m'amusait et m'intéressait beaucoup. » C'est lui-même qui crée le rôle de l'Employé. Venant de jouer le Mutilé dans *La Grande et la Petite Manœuvre*, il a déjà l'expérience du théâtre d'Adamov. « Dans *La Grande et la Petite Manœuvre*, confie-t-il, je jouais le mutilé, qui, scène après scène, est de plus en plus amputé. À chacune de mes apparitions il me manquait un nouveau membre. Il me fallait pendant un long moment supporter un corset qui maintenait une de mes jambes repliée sur elle-même et je devais tomber comme ça. À ma dernière apparition, j'entrais sur une espèce de planche montée sur des roulettes que j'actionnais avec mes moignons. » Adamov, dans *L'Homme et l'Enfant*, ne tarit pas d'éloges sur son interprétation. « *La Parodie* au Lancry. Le théâtre est affreux, Lili laide. Blin, seul, magnifique. Il est l'Employé tel que je le voulais, confiant, touchant, ridicule. » Il apprécie particulièrement son jeu lors de l'incarcération où l'Employé, qui jusqu'alors était apparu comme animé d'un mouvement perpétuel, est gagné par une sorte de paralysie. Blin simulait alors la marche comme pour suggérer que le personnage est mu par une sorte de mouvement réflexe, d'automatisme corporel archaïque. « La scène de la prison où, couché, [Blin] remue les jambes, simulant la marche », s'exclame, admiratif, Adamov. Le rôle de N. est créé par Jean Martin qui, l'année suivante, sera Lucky dans *En attendant Godot* de Beckett. Malka Ribowska, une ancienne élève de Blin, joue la Pauvre Prostituée de façon « très émouvante » aux dires de Blin.

Le spectacle, donné devant une salle presque vide, ne fait pas recette, pas plus que *Les Chaises* de Ionesco, créées dans le même théâtre quelque temps auparavant. « *La Parodie* », confie Adamov dans *L'Homme et l'Enfant* », rassemble à peu près quinze spectateurs par soirée ; *Les Chaises* de Ionesco, jouées également au Lancry à peu près douze. Il en avait été de même lors de la création de *La Grande et la Petite Manœuvre* en 1950 où, selon Blin, malgré une bonne presse, il n'y avait eu que très peu de monde.

L'irréalisme de la mise en scène et du jeu, voulu par Adamov, déconcerta totalement le public de l'époque, habitué au réalisme du boulevard et du théâtre psychologique, dans la veine de Giraudoux ou de Montherlant. « Il était difficile, confie Blin, de trouver le dosage entre le réalisme immédiat et un certain style qui sauvegarde l'ambiguïté onirique qu'Adamov désirait. Des gestes vrais, tout d'un coup, mais anti-naturels, pas ces gestes d'une vérité boulevardière. J'avais travaillé avec Artaud, Dullin même, et je n'aurais pas pu. De même Jean Martin, qui jouait N., ne serait-ce qu'avec son physique, ne pouvait pas faire de vérisme. » Dans ses rapports ultérieurs avec les metteurs en scène, Adamov insistera toujours sur la nécessité de jouer ses pièces sans aucun réalisme, de supprimer tout décor, pour que les acteurs évoluent sur une scène vide où seuls quelques objets symboles trouent l'espace. C'est ce dont témoigne Planchon, qui créera notamment *Le Professeur Taranne*, *Le Sens de la marche* et *Paolo Paoli*, dans cet article d'hommage écrit dans *Les Lettres françaises* du 25 mars 1970 à la mort d'Adamov : « Il aimait voir sur scène des objets simples, élémentaires : une machine à écrire, un vélo, un portemanteau de bistrot. Il était allergique à tout esthétisme. Il avait une façon à lui de se moquer de toute transposition. Il déclarait qu'il ne comprenait pas ou offrait avec un sérieux imperturbable quelques interprétations saugrenues de l'objet plus ou moins abstrait proposé par le décorateur. Il n'aimait que des éléments réels, mais posés là comme des signes. Le vélo, la machine à écrire, le portemanteau devaient venir sur scène sans transposition, comme des totems. Au metteur en scène de les charger de "forces". Pour Adamov, il y avait l'espace, et ces totems épars, saugrenus et ridicules, qui devaient rester dans le vide lorsque enfin tous les personnages avaient disparu. »

Si le grand public boude la pièce, deux journalistes, d'emblée, crient au chef-d'œuvre. Renée Saurel, dans *Les Lettres françaises* du 13 juin 1952, fait part de l'émotion qu'elle a éprouvée devant la tendresse dont est chargée la pièce, déclarant tout de go : « De la tendresse, de l'humanité, il y en a à revendre chez M. Adamov, auteur de *La Parodie*. Mais c'est là un aveu que l'on tenterait en vain de lui arracher. Une pudeur excessive retient ici le cri, fait que l'auteur suggère au lieu de souligner, en même temps qu'un souci du dépouillement, un goût janséniste de la ligne sèche, rigoureuse, le fait renoncer à tout ornement, à toute coquetterie. Il en résulte une œuvre grandement estimable, d'une beauté un peu glacée, qui s'interdit de racoler le spectateur, mais exige au contraire de lui un effort de sympathie. » Elle se montre sensible à la profondeur du drame existentiel qu'Adamov porte à la scène : « C'est l'illustration d'une vision du monde, sombre, mais corrigée par l'humour, et qui tend à nous faire sentir que, quelle que soit la méthode employée, aucune vie jamais ne s'accomplit. Il n'y a jamais eu, quand vient la mort, que simulacre, parodie de la vie, parodie de l'amour. Les deux personnages principaux : "l'Employé", actif, optimiste, et N., passif, masochiste, échoueront pareillement dans leur quête du bonheur, de la vraie vie, à travers les mille besognes qui assurent — fort mal — le pain quotidien. L'employé finira en prison, sans savoir ce qui l'y a conduit, et N. mourra voluptueusement écrasé par un autobus. »

Jacques Lemarchand, le lendemain, dans *Le Figaro littéraire* du 14 juin, souligne la modernité de l'écriture d'Adamov, qui « vise exactement à libérer le théâtre — une partie du théâtre — de conventions psychologiques, de conventions de langage, dont il est certain qu'elles l'encrassent ». Comparant *La Parodie* aux deux pièces déjà créées, *L'Invasion* (au Studio des Champs-Élysées) et *La*

Grande et la Petite Manœuvre (au théâtre des Noctambules),
il juge qu'elle « montre plus de gaucherie sans doute ; plus
de naïveté ; on sent bien qu'elle est faite moins volontaire-
ment que les œuvres qui l'ont suivie. C'est sans doute par
là qu'elle me touche davantage ; je ne pense pas m'enga-
ger beaucoup en disant que l'auteur a mis dans cette *Parodie* un peu de son sang et de ses larmes. C'est une pièce
chaude et jeune, et dans laquelle je dirais qu'il entre pas
mal de romantisme si je ne craignais de me faire arracher les yeux par l'auteur. Un romantisme de notre temps,
naturellement : celui de la solitude de l'homme au milieu
de la ville écrasante, d'une ville très peuplée d'hommes et
de femmes que lient des intérêts, des passions, dans lesquels il ne peut entrer, desquels il se sent exclu. […] Je
trouve belle, et par instants très émouvante, la forme qu'a
donnée Adamov, dans *La Parodie*, à cet effroi devant la solitude d'un être qui trouve affreux le silence et les menaces
qu'organisent autour de lui les êtres faits de la même chair
que lui. Cela pourrait être horrible, déprimant. Et cela
ne l'est pas ; non seulement parce qu'il naît un comique
sinistre, un humour noir, de l'entrecroisement de tant de
questions qui ne reçoivent jamais de réponse, mais aussi
parce qu'un irrésistible optimisme, un optimisme beaucoup
plus profond que conscient, anime la pièce. […] C'est un
optimisme fait de patience, de confiance quand même
dans "les autres", quoiqu'ils vous fassent endurer. C'est
cette bonne volonté acharnée à croire que, tout de même,
les choses pourraient bien aller différemment ».

Les reprises de *La Parodie* ont été rares, hélas ! Signalons
en juin 1983, au théâtre municipal de Bressuire, celle de
Gérard Vernay, par la compagnie du Théâtre du Bocage,
qui mettait l'accent sur la dimension expressionniste de la
pièce. Il écrivait, dans la revue *Acteurs* nº 13 (juin 1983) :
« L'univers de *La Parodie* est celui d'une ville d'Europe,
anonyme, humide, pleine de chuchotements et des bruits
d'une rafle de police. Les différents lieux sont indiqués
par des objets posés là, comme des totems. En plusieurs

tableaux rapides, la pièce déroule devant nous les itiné-raires parallèles de quatre hommes, tous en quête d'une femme, Lili. Perdus dans l'espace, dans le temps, ils cher-chent vainement à l'atteindre. Ils se parlent sans s'entendre, ils se regardent sans se voir. En exil d'eux-mêmes, des autres, de leur cité, au bout de leur chemin. N., l'employé, le journaliste, Lili, ne trouvent que l'échec, la solitude ou la mort. Seul, le directeur du journal "l'Avenir", symbole d'un capitalisme conquérant, échappe à cette faillite.

» La vie est une parodie, parodie de l'optimisme, du désespoir, de l'objectivité et surtout de l'amour. Adamov nous le dit avec violence mais aussi avec humour, pudeur et tendresse obstinée. »

Les interprètes étaient Yves Michas, Jean-Paul Billecocq, Claude Lalu, Valia Boulay, Alain Choquet, Jean-Paul Bourreau, Catherine Van Hecke, Roselyne Poinot, Marius Noirault.

ANNEXES

I. HOMMAGE DE ROGER BLIN

Nous reproduisons ici l'un des articles d'hommage publiés en tête de l'édition Charlot (Alger, 1950), celui de Roger Blin. Il était précédé de ceux de Jacques Prévert, de Henri Thomas, de Jacques Lemarchand, de Jean Vilar.

La Parodie, d'abord je ne l'ai pas aimée. Puis je l'ai aimée. Des idées que j'avais sur «l'univers créé» me faisaient me méfier du langage parodique comme impliquant une complicité intellectuelle avec le spectateur. Mais à lire et relire *La Parodie*, l'univers créé existe, c'est un fait et tant pis pour mes idées si je m'aperçois que le langage aussi contribue à l'univers créé, même si le plaisir qu'il offre est de l'ordre du jubilatif intelligent. Parce qu'il y a autre chose. Quelque chose que n'ont pas émoussé pour moi les mille manipulations techniques rêvées et sans cesse reprises, puisque me sont échus l'honneur et l'espoir de faire revivre l'œuvre.

Il y a la bouffonnerie lucide; le désespoir et ses très savantes rémissions (pour que la Séparation soit plus irrémissible), aussi, dirai-je, la tendresse obstinée. Et perpétuellement ouvert, le procès du monde absurde.

La ville n'est pas New York, c'est une quelconque ville d'Europe, pleine de décombres chuchotants, de ténèbres policières et de rapetassages glacés encore moins rassurants. C'est la ville d'affres qui étouffe mieux qu'aucun autre lieu la grande Interrogation. Toutes les rues mouillées se ressemblent. — Un homme chassé et un homme qui cherche marchent pareil. — C'est au Dupont-Latin que l'Employé vient à cinq heures du matin devant un arrosé rhum recharger son optimisme dérisoire. Un peu plus loin la prostituée, qui aura passé toute sa vie à côté de sa propre beauté, ne s'étonnera pas que N. rêve de boue. Pourquoi, dans cette ville, et pour qui, les horloges auraient-elles des aiguilles puisque l'aube préfabriquée qui va naître, non plus n'apportera le Mot?

Ai-je le droit (je le prends) d'ajouter que *La Parodie* m'émeut et s'authentifie absolument si je sais par surcroît que cette ville envoûtante et hostile, Adamov l'a parcourue, subie et interrogée plus fébrilement que personne, que cette ville d'affres de *La Parodie*, Arthur Adamov «en connaît un bout», s'il n'en connaît pas ou peut-être n'en connaîtra jamais le bout.

Cependant j'aime qu'il n'ait pas laissé traîner de cotons sales dans sa pièce, je veux dire les visibles rancœurs ni la romance. La chose dont il s'agit est trop grave pour ne pas prendre naturellement sa forme dans l'élégance et atteindre au plan théâtral qui va de soi : le déjà vu-jamais-vu de ce fameux troisième œil des visionnaires.

ROGER BLIN

II. AVERTISSEMENT D'ADAMOV

*Nous reproduisons maintenant l'*Avertissement *d'Adamov placé lui aussi en tête de l'édition Charlot, à la suite des articles d'hommage cités ci-dessus.*

La Parodie et *L'Invasion* ont été écrites pour la scène. On me dira que c'est le cas pour toutes les pièces de théâtre. Mais je crois que celles-ci, si elles ne connaissent d'autre sort que la publication, perdraient plus que d'autres leur raison d'être et leur efficacité.

Je les publie pourtant, et je peux dire faute de mieux, parce que je suis las de me battre. Il est plus facile de supporter les attaques violentes, l'incompréhension de la critique et du public, que les encouragements et les louanges qui n'engagent à rien, qui n'engagent surtout personne à faire le seul geste efficace en l'occurrence : risquer un peu d'argent.

Je publie donc ces pièces, et en attendant qu'elles connaissent leur destin naturel, je suis obligé de revenir sur ce point :

Le théâtre tel que je le conçois est lié entièrement et absolument à la représentation. Je demande qu'on s'efforce de purger ce mot de représentation de tout ce qui s'attache à lui de mondanités, de cabotinage, et surtout d'intellectualité abstraite, pour lui restituer son sens le plus simple.

Je crois que la représentation n'est rien d'autre que la projection dans le monde sensible des états et des images qui en constituent les ressorts cachés. Une pièce de théâtre doit donc être le lieu où le monde visible et le monde invisible se touchent et se heurtent, autrement dit la mise en évidence, la manifestation du contenu caché, latent, qui recèle les germes du drame.

Ce que je veux au théâtre et ce que j'ai tenté de réaliser dans ces pièces, c'est que la manifestation de ce contenu coïncide littéralement, concrètement, *corporellement* avec le contenu lui-même.

Ainsi par exemple, si le drame d'un homme consiste dans une mutilation quelconque de sa personne, je ne vois pas de meilleur moyen pour rendre dramatiquement la vérité d'une telle mutilation que de la représenter corporellement sur scène.

Je sais bien que cette conception du théâtre sera jugée puérile au regard de ce qu'on attend aujourd'hui d'une pièce : la démonstration plus ou moins probante ou subtile d'une idée ou d'une thèse philosophique. Mais pour moi c'est précisément dans cette puérilité que résident toutes les ressources d'un théâtre vivant.

Un théâtre vivant, c'est-à-dire un théâtre où les gestes, les attitudes, la vie propre du corps ont le droit de se libérer de la convention du langage, de passer outre aux conventions psychologiques, en un mot d'aller jusqu'au bout de leur signification profonde.

Dans cette poussée du geste pour son propre compte, dans son irresponsabilité, je vois apparaître une dimension dont le langage seul ne peut rendre compte, mais en revanche, quand le langage est pris dans le rythme du corps devenu autonome, alors, les discours les plus ordinaires, les plus quotidiens retrouvent un pouvoir que l'on est libre d'appeler encore poésie, et que je me contenterai de dire efficace.

Il va sans dire que par langage courant je n'entends pas un langage réaliste ni un argot d'une fallacieuse brutalité. J'entends une manière de prendre les mots les plus simples, les plus délavés par l'usage, en apparence les plus précis, pour leur restituer leur part d'imprécision innée.

Je demande au lecteur un effort que je sais difficile : imaginer la représentation au cours de la lecture. Je voudrais, pour citer un exemple, qu'au second tableau de *La Parodie*, on voie sans cesse à la fois la silhouette agitée de l'employé et le corps de N. étendu. D'une manière générale il faudrait suivre continuellement le rythme propre à chaque personnage, sans se laisser trop retenir par le décalage parfois trop marqué des paroles et des gestes.

Malgré les apparences *L'Invasion* se laisse lire encore plus difficilement.

Pour en suivre le déroulement il est nécessaire de ne pas oublier la présence simultanée de tous les personnages, leur promiscuité physique sur une scène de plus en plus encombrée.

Il me reste à m'excuser de la longueur parfois gênante des indications scéniques. Elles ne sont bien entendu à mes yeux nullement un élément littéraire, mais l'instrument de travail indispensable du metteur en scène.

Je tiens à remercier André Gide, René Char, Jacques Prévert, Henri Thomas, Jacques Lemarchand, Jean Vilar et

Roger Blin, et d'une manière générale, toutes les personnes qui, ayant lu ces deux pièces, ont tenté et tentent encore de soulever les obstacles qui s'opposent à leur réalisation.

ARTHUR ADAMOV

III. ENTRETIEN D'ADAMOV
AVEC GEORGES CHARBONNIER

Nous reproduisons ici le début des entretiens radiodiffusés en février 1964. Conservés à l'I.N.A., ils ont été édités par André Dimanche à Marseille en 1997.

GEORGES CHARBONNIER : *Arthur Adamov, comment pourrait-on définir l'action au théâtre ?*

ARTHUR ADAMOV : Eh bien, c'est une histoire extrêmement compliquée, parce que jadis j'avais toujours une idée qui revenait sans cesse, que le théâtre devait être le lieu de l'action, et je crois toujours que le théâtre doit être le lieu de l'action, mais je ne crois plus, comme je croyais jadis, qu'il faut, par exemple, qu'il y ait une image qui commande toute la pièce. Je m'explique. Je ne crois pas que pour l'action, il faut qu'il y ait une image qui représente l'action de toute la pièce et qui soit l'image visuelle frappante de toute la pièce. Ça m'a paru très intéressant jadis, ça me paraît un petit peu primaire aujourd'hui.

G. C. : *Lorsque vous dites image, est-ce que le mot image n'est pas un peu péjoratif dans votre esprit, et est-ce que parfois on ne pourrait pas soutenir qu'une pièce repose, là où vous dites image, sur une vision unique ? Est-ce que le mot vision, avec ce qu'il implique, ne serait pas de nature à réhabiliter cette image solitaire dont vous parlez ?*

A. A. : Par exemple, je reproche à ma première pièce, *La Parodie*, d'avoir basé tout sur un excès visuel : un homme, un masochiste, est couché, un autre homme, qui n'est pas masochiste, bouge continuellement, et leurs destins sont les mêmes, et l'action est là ; ou bien je reproche aux chaises de Ionesco, pour donner un exemple entre autres, d'être la seule image de la pièce, c'est-à-dire qu'elle me semblerait intéressante dans la mesure où elle arriverait au dernier tableau d'une très longue pièce. Je ne sais pas, j'ai beaucoup relu Tchékhov et Shakespeare, et d'autres du reste, et il me semble que l'action au théâtre ne doit pas être une action unique mais une longue suite de péripéties, et cette longue suite de péripéties, bien entendu, il faut en débattre.

G. C. : *Je vais faire le bon interlocuteur et remplacer Ionesco d'autre part. Je pense qu'il vous dirait que les péripéties existent, sont nombreuses, sont diverses, et il faut bien reconnaître que si on prend* Les Chaises *par exemple, puisque c'est l'exemple que vous avez choisi, il y a vraiment des petits actes intérieurs, il y a des péripéties.*

A. A. : Oui, mais ça ne me suffit pas comme péripétie. Ça ne me suffit pas en ce sens que, par exemple, montrer un échec, l'échec de deux personnes qui ont eu des désespoirs, des attentes, ce serait beaucoup plus intéressant si l'on montrait des péripéties avant, où ils auraient eu des demi-échecs, des demi-victoires, des demi-attentes, des demi-réussites, etc, etc. et où ça se bouclerait, pourquoi pas, je ne suis pas contre le pessimisme, par un échec. Mais l'image unique, visuelle, qui montre l'action d'une pièce, me paraît aujourd'hui simpliste.

G. C. : *Bien, mais ce que vous venez de dire implique que dans votre esprit une pièce de théâtre doit s'étendre sur un certain temps assez long.*

A. A. : Sur un certain temps très long. Et alors ça pose, je m'excuse de la banalité du terme, mais ça pose, pour reprendre les termes de Brecht, ça pose la différence du théâtre épique et du théâtre dramatique. Et vous voyez, ce qui m'embête dans ce que l'on appelle l'avant-garde, avant-garde à laquelle j'ai contribué pour une petite part, ce qui m'embête, c'est que finalement elle revient, d'une manière un petit peu camouflée, au théâtre français du XVIIe siècle. Elle revient presque à l'unité de temps et de lieu, elle revient à un moment dramatique particulièrement aigu choisi dans une vie, alors que ce qui m'intéresse, c'est, au théâtre, une histoire qui serait ce que *L'Éducation sentimentale* de Flaubert est au roman, c'est-à-dire une très longue histoire, compliquée, ramifiée, mais je continue de dire, et c'est pourquoi je n'ai pas entièrement changé, je continue de dire qu'il faut à tout prix, au théâtre, montrer l'action et que, on peut raconter des choses, je ne suis pas contre le récitatif non plus ; dans le *Printemps 71*, j'ai tenu à ce que l'on raconte, à ce que tout le monde raconte la journée du 18 mars. Mais cette journée du 18 mars, que l'on se racontait, était liée à l'action qui allait venir par la suite et qui allait donner un rebondissement et une suite à la journée euphorique du 18 mars. Autrement dit, je ne veux pas non plus condamner le récitatif. Je dis que le réci-tatif peut être intéressant dans la mesure où il est une sorte de halte pour qu'ensuite l'action, comme on dit bêtement, rebondisse. Mais c'est compliqué.

G. C. : *Ce que l'on peut retenir, de ce que vous avez dit, c'est que l'action d'abord, vous ne l'avez pas encore définie, mais nous nous en rapprochons. Ce que vous avez fait, je pense, c'est donner des conditions de l'action. Dans ces conditions de l'action, je remarque que pour que l'action soit, à vos yeux, il faut du temps, une période de temps longue, car si vous écartez l'image, c'est que vous écartez l'instant, donc vous étalez l'action ; si vous étalez l'ac-tion dans le temps, vous diversifiez immédiatement les lieux de l'action. Je dirais donc beaucoup de temps et des lieux très diffé-rents. Vous avez invoqué tout à l'heure les trois unités, ces fameuses unités, unité de temps, unité de lieu et unité d'action ; il y a immédiatement rupture de l'unité de temps et de l'unité de lieu ; alors venons-en à cette fameuse unité d'action. Est-ce que vous désirez rompre aussi cette unité d'action et est-ce que votre réponse va permettre de serrer davantage cette notion d'action ?*

A. A. : Eh bien, vous voyez, je n'aime plus beaucoup Strindberg. Néanmoins il reste que dans *Le Songe* de Strind-berg, quand l'Officier, n'est-ce pas, avec son bouquet de fleurs, cogne contre la porte fermée et appelle Mademoi-selle Victoria qui ne vient pas, ou bien quand il est vieilli et qu'on lui tire ses cheveux blancs, et qu'on lui dit, n'est-ce pas, « deux et deux font quatre », qu'il ne sait pas si deux et deux font quatre, et qu'il ne sait pas que dire, et qu'on lui répond : «Il faut mûrir, il faut mûrir», et que cet homme âgé est sur les bancs de l'école, cela me touche encore toujours, dans la mesure où l'Officier est pris non pas à tel moment, mais c'est la vie de l'Officier, il vieillit, le temps passe, les saisons passent, la vie passe, et il y a pour moi cette grande vérité théâtrale que je retrouve dans les auteurs que j'aime le plus.

G. C. : *Est-ce que l'unité d'action s'arrête à un découpage vraisemblable du temps ? Des séries temporelles vraisemblables, des séries temporelles bien organisées ?*

A. A. : Écoutez, je crois vraiment que pour un homme lucide, mais c'est difficile d'être un homme lucide, sa propre vie est ponctuée, si on la traduit théâtralement, par un certain nombre de faits, car finalement les belles pensées, les intentions, tout ça existe bien sûr, mais ils ne deviennent réels que s'ils se traduisent par certains faits. Alors je crois que le théâtre se doit de montrer les faits capitaux qui ponctuent une vie humaine, et en même temps la vie d'une société, car je ne veux jamais séparer l'homme de la société, mais de la société dans laquelle l'homme est partie intégrante.

G. C. : *Il me semble, d'après ce que vous avez dit, qu'une pièce doit toujours donner la vie entière des personnages.*

A. A. : Aujourd'hui, j'ai très, très envie qu'elle soit longue et qu'elle montre la vie entière, et vraiment Tchekhov m'a beaucoup appris de choses là-dessus; je dirai même presque plus que Brecht.

G. C. : *Alors cette unité d'action se dégagera de quoi ?*

A. A. : Vous savez, c'est très difficile de répondre, mais il y a une petite indication scénique de Tchékhov, justement dans *Les Trois Sœurs*, où il dit : «Les trois sœurs se lèvent debout l'une contre l'autre»; c'est le moment où elles veulent terriblement aller à Moscou, je crois, comme Mme Bovary voulait aller à Rouen, et il y a tout à coup une sorte de vérité de la pièce et des gens qui se traduit par un geste, et par un geste mystérieux, qui se passe à tel et tel moment de l'action, mais qui n'est pas du tout le seul geste de la pièce. Je ne veux pas d'une sorte de stéréotypie, je ne veux pas qu'il y ait un acte visuel qui résume la pièce. Je veux qu'il y ait une série d'actions qui soit une suite de chaînons qui crée la réalité de l'action d'une pièce. Et vraiment il y a un homme qui l'a quand même assez bien fait : il s'appelait Shakespeare.

G. C. : *Est-ce que cet enchaînement doit avoir une forme logique ?*

A. A. : C'est logique d'une certaine manière et absolument illogique d'une autre manière. Je ne crois pas du tout que le rationnel l'emporte sur l'irrationnel ou inversement. C'est très bizarre.

G. C. : *Mais cependant je vous ai entendu adresser des critiques assez vives à un certain représentant de l'école américaine qui parlait de l'action qu'il voulait introduire au théâtre. Mais alors de quelle action parlait-il ? Et pourquoi condamnez-vous cette action ?*

A. A. : Je ne sais plus de quel Américain je parlais, si je parlais de l'auteur de la *Connection*, de la pièce sur la drogue, et des Américains que j'ai connus au Festival d'Édimbourg, l'action qu'ils préconisaient me paraît absolument facile, vulgaire ; c'est-à-dire, il ne suffit pas de lancer une fille plus ou moins nue, ou qui fait un numéro de strip-tease, ni de lancer une motocyclette dans la salle…

G. C. : *C'était ce qu'ils proposaient ?*

A. A. : C'était à peu de choses près ce qu'ils proposaient. Or l'action n'est absolument pas ça ; l'action n'est pas du tout une espèce de truc vaguement sportif qu'on lance pour simplement désennuyer le monde qui en a marre du dialogue. C'est plus compliqué que ça.

G. C. : *Et ces actions violentes que l'Américain préconisait peuvent peut-être elles aussi constituer une suite ?*

A. A. : S'ils sont intelligents, mais ils sont rarement intelligents. J'ai vu par exemple la répétition d'une pièce que j'aime énormément mais qui n'est pas d'un Américain mais d'un Anglais. J'ai connu Arden à Édimbourg, je me suis très bien entendu avec lui, je ne connaissais pas encore sa pièce[1], je l'ai connue après l'avoir quitté, eh bien, sa

---

1. Il s'agit de *La Dame du sergent Musgrave* (1959) de John Arden.

pièce a une véritable action et continuellement est visuelle sur la scène sans avoir cette gratuité de la motocyclette que l'on lance à tout hasard. Sa pièce est très, très belle ; c'est une pièce qui représente des déserteurs de l'armée coloniale anglaise qui viennent dans une ville d'Angleterre où il y a une grève et les mineurs ont très, très peur que ce soit pour tirer sur eux ; les déserteurs ont peur également d'être pris, alors ils font semblant d'être des recruteurs. Les mineurs ont de plus en plus peur et, à un moment donné, il faut monter les couleurs, les couleurs britanniques, et à la place des couleurs britanniques que l'on monte, et c'est là qu'est l'action, on monte un cadavre et qui est le cadavre d'un copain à eux qui s'est fait descendre par les indigènes et tuer bêtement, inutilement, et il se passe quelque chose à ce moment-là ; et pour moi, il faut qu'il y ait de ces moments-là au théâtre, ou bien il n'y a pas de théâtre.

G. C. : *Est-ce le temps le plus fort de la pièce ?*

A. A. : Grosso modo, oui.

G. C. : *Alors on peut concevoir que tout ce qui précède ne soit là que pour préparer cette image et je vais pouvoir peut-être dire que la pièce d'Arden, c'est cette image.*

A. A. : Oui, mais Arden, justement, était assez intelligent pour que cette image soit atténuée, modifiée, altérée par d'autres images qui pour être moins violentes qu'elle ont quand même une certaine répercussion, une certaine valeur de choc, qui fait qu'elle ne reste pas seule dans la mémoire comme dans les pièces d'« avant garde » que j'accuse.

G. C. : *C'est ce que j'allais vous dire, parce que si une image est trop forte, il n'y a qu'une image, et si je ne veux pas qu'il n'y ait qu'une image, il faut que j'en mette d'autres ; mais alors si la première est réussie, le bonheur d'expression n'est pas constant.*

A. A. : Il en a mis d'autres. Il en a mis par exemple au moment où, à la fin, on ne sait plus, les grévistes tout à coup ont très, très peur de ces soldats, même s'ils sont pour eux — ils ont compris que les soldats étaient pour eux et contre l'empire, mais ils se méfient quand même parce que c'est des soldats —, et puis tout à coup, on se met à boire de la bière, et il y a une espèce d'autre scène qui est peut-être un peu moins violente visuellement, mais qui est quand même assez violente, et par laquelle la pièce se termine, autrement dit, il n'y a pas une image ni une action qui bouffe la pièce mais il y en a quelques-unes ; c'est ça que j'appelle la science, c'est pourquoi j'aime beaucoup la pièce d'Arden.

G. C. : *Alors l'image c'est un danger ? Pour l'auteur drama-tique, trouver cette image forte, si on n'en trouve qu'une, et si cette image ne permet pas de modulation, s'il n'est pas possible, comme vous le disiez tout à l'heure, de la modifier, de l'atténuer, de l'altérer…*

A. A. : Il n'a qu'à trouver les modulations.

G. C. : *Cette action, quel va être son support principal, le lan-gage, ou la succession des images, ou la combinaison de l'image et du langage ?*

A. A. : Je crois que le langage est terriblement impor-tant, mais il est important dans la mesure où après avoir donné son maximum, tout à coup, il laisse place à une autre chose mais qu'il avait entièrement préparée, lui langage.

G. C. : *Je pense à un exemple qui me paraît éclatant, celui de Marivaux, dans lequel il est très difficile de trouver des images-force, et dans lequel on ne trouve pas d'images violentes comme celles dont vous avez parlé au sujet de la pièce d'Arden ; on trouve des images excessivement violentes dans Corneille, dans Racine, je parle d'images visuelles là, n'est-ce-pas ? scéniquement parlantes, d'images que le spectateur voit. Il n'y a guère d'images très fortes dans le théâtre de Marivaux et le support de l'action est à peu près exclusivement le langage et on ne pourra absolument pas dire qu'il n'y a pas d'action dans le théâtre de Marivaux. Quelque chose court, quelque chose est modulé, se déplace, est donné dans un cer-tain état et retiré dans un autre.*

A. A. : Eh bien, vous me donnez comme exemple le théâtre de Marivaux, c'est-à-dire le théâtre français que moi je préfère, personnellement. Pour moi, le plus grand écrivain français de théâtre, c'est Marivaux. Eh bien, vous voyez, là où j'étais reconnaissant à Planchon, il est arrivé, avec Marivaux justement, où en effet tout se passe dans le langage, il est arrivé à faire une sorte d'action simplement

qui est le miroir, et quand je dis le miroir, j'entends deux
choses : j'entends le miroir au sens littéral du mot — la
dame, la maîtresse se regarde et se mire dans le miroir —,
mais les valets, dans la mise en scène de Planchon — et
c'est la première fois que j'ai vu Marivaux selon mon
cœur —, les valets sont les voyeurs des maîtres. Ils sont là
et toute leur histoire reconstitue l'histoire des maîtres,
leurs petites amours, leurs petites histoires, et ils sont
autour des maîtres, et ils regardent les maîtres comme
dans un miroir, et il y a un système si vous voulez, une
réverbération, ce n'est pas tout à fait l'action, mais on le
sent dans les gestes...

G. C. : *L'action dans l'esprit de Planchon, pas dans la pièce de
Marivaux...*

A. A. : Non, mais pour moi, il a par cela éclairé quelque
chose qui me paraissait juste. Enfin, je peux me tromper.

G. C. : *Non. Je crois qu'on peut très bien retenir ce que vous
dites lorsque vous dites « éclairé quelque chose de juste », sans
aucun doute : action dans l'esprit de Planchon, indiscutable,
action scénique pour le spectateur, action, image visuelle, oui. Est-
ce cela, la pièce de Marivaux, ce n'est pas sûr ?*

A. A. : Écoutez c'est, en tous les cas je crois, avec le recul
des années, vous savez qu'une pièce, c'est comme une
société, une civilisation, un homme, tout ça bouge. Je crois
que Planchon ne s'est pas trompé quand il a fait une certaine circulation des valets qui bougeaient, même qui man-
geaient une pomme, même si la pomme n'était pas dans
Marivaux, peu importe, s'ils portaient des candélabres la
nuit, même si les candélabres n'étaient pas chez Marivaux,
et qu'ils faisaient une ronde autour des maîtres qui étaient
leur image. Je ne crois pas qu'il y ait eu là trahison du langage puisque le langage était respecté.

G. C. : *Mais néanmoins, retenez-vous, acceptez-vous que l'on
puisse dire que dans le théâtre de Marivaux le langage est le support essentiel de l'action avant l'image visuelle, si justifiées que
soient les initiatives de Planchon ?*

A. A. : Je crois que quand Marivaux l'a écrit, c'était
comme ça ; mais je crois que si on le montre aujourd'hui,

il faut essayer de joindre les deux; c'est une simple question de siècle.

G. C. : *Mais ça correspond au goût de l'image visuelle actuelle. Est-ce que ce n'est pas une impossibilité d'abstraire, un manque de finesse, une pensée moins rapide ?*

A. A. : Pour Marivaux, c'est comme ça que j'aime le voir; je ne peux pas vous dire pour Racine, parce que j'aime beaucoup moins Racine que Marivaux; j'aime bien lire Racine, je trouve qu'il y a des beaux vers, mais du point de vue du théâtre, ça m'ennuie beaucoup. Tandis que dans Marivaux, ça me passionne, du point de vue du théâtre, ça bouge, malgré le langage, ça bouge.

G. C. : *Grâce au langage, c'est le langage qui fait bouger...*

A. A. : Oui, mais dans Racine, il y a un langage, et puis ça ne fait pas bouger.

G. C. : *Il y a des attitudes dans Racine; il n'y a pas d'attitudes dans Marivaux; ça va trop vite, on n'a pas le temps d'en prendre.*

A. A. : Et puis parce que Marivaux était la préparation, qu'on le veuille ou non, je m'excuse de faire le progressiste de service, c'était la préparation d'un nouveau monde, qu'il le veuille ou non; c'était la fin d'une société, et rien n'est plus intéressant que la fin d'une société.

G. C. : *Si vous considérez vos différentes pièces, comment jugez-vous de leurs actions ?*

A. A. : Pour certaines pièces, je trouve les actions justes, et pour certaines autres pièces, je trouve les actions erronées. Si on prend *Tous contre tous*, j'appelle une action erronée le fait de mettre d'une part des gens qui boitent et qui sont plus ou moins les juifs ou les réfugiés, et on leur met une espèce de caractéristique symbolique facile, et on met qu'une femme boite et qui n'est justement pas une juive ni une réfugiée, ce qui crée le fameux petit malentendu, mais tout ça me paraît très bon marché, tandis que dans *Le Professeur Taranne*, comme c'était un rêve de la nuit, et comme j'ai comme tout le monde rêvé, n'est-ce-pas, que j'étais plus ou moins nu, plus ou moins en chemise, dans un rêve de la nuit, que j'étais l'objet de dérision d'un certain nombre de personnes, le fait que le Profes-

seur Taranne se dévête à la fin de la pièce me paraît absolument valable et si dans *Paolo Paoli*, qui était là lié à une
satire sociale et politique, où l'on voit le prêtre catholique
qui a été en effet très ennuyé par les affaires de 1903, au
moment du régime Combes où ils avaient perdu leur traitement et où ils étaient obligés de se livrer à des petits travaux pour essayer de remplacer les traitements de l'État
qu'ils n'avaient plus, et qu'il vendait des papillons même à
son pire ennemi, le franc-maçon, parce qu'après tout on
n'est pas si regardant lorsqu'il s'agit de vendre un papillon
et qu'on prépare malgré tout ensemble la guerre de 14-18,
cette action-là, le fait que l'abbé sorte un papillon de sa
poche, de sa soutane, je trouve ça drôle, et puis c'est
vrai historiquement ; j'aime bien. Donc il y a certaines de
mes actions, dans certaines pièces, que je continue de bien
aimer, qu'elles soient oniriques ou politiques, peu importe,
et puis certaines autres, que je trouve « symbolico-faciles ».

G. C. : *Bon, mais dans tous les cas, vous pouvez répondre à la
question : « quelle est l'action ? » et exposer quelque chose qui sera
l'action, une progression, une modification.*

A. A. : Dans tous les cas je ne sais pas, mais dans la plupart des cas, je crois que oui.

G. C. : *Est-ce que c'est vrai pour toute pièce de théâtre, est-ce que
en présence de n'importe quelle pièce de théâtre on peut raconter
l'action ?*

A. A. : Écoutez, moi je ne sais pas. Moi j'aime beaucoup
Roses rouges pour moi de O'Casey. Je l'ai vue dans une mise en
scène de Vilar que certains ont trouvée discutable ; moi je l'ai
trouvée quand même assez belle malgré certaines erreurs ;
eh bien quand tout à coup les clochards se réveillent sur le
pont, et même les clochards voient que ça ne va pas, que ça
ne marche plus, qu'il y a quelque chose qui ne va pas, et
qu'il y a tout à coup un réveil complet sur le pont, il se passe
brusquement quelque chose ; alors je continue d'avoir cette
idée romantique que j'avais jadis, que je continue d'avoir
aujourd'hui, quels que soient mes changements d'opinion,
c'est qu'il faut qu'à certains moments d'une pièce il se passe
vraiment quelque chose, autrement la pièce, c'est l'ennui.

BIBLIOGRAPHIE SÉLECTIVE

I. L'ŒUVRE THÉÂTRALE D'ARTHUR ADAMOV

La Parodie :

Alger, Charlot, 1950 (avec *L'Invasion*).
Arthur Adamov, *Théâtre I*, Éditions Gallimard, collection
   Blanche, p. 7-54, 1953.

Autres pièces :

   Éditions Gallimard (collection Blanche) :

Théâtre I (contient outre *La Parodie*) : *L'Invasion, La Grande
   et la Petite Manœuvre, Le Professeur Taranne, Tous contre
   tous*, 1953.
Théâtre II : *Le Sens de la marche, Les Retrouvailles, Le Ping-
   Pong*, 1955. (Ce volume contient une Note préliminaire
   de l'auteur).
Théâtre III : *Paolo Paoli, La Politique des restes, Sainte Europe*,
   1966.
Théâtre IV : *M. le Modéré, Le Printemps 71*, 1968.

   Éditions Gallimard (Le Manteau d'Arlequin) :

Paolo Paoli, 1957.
Off Limits, 1969.
Si l'été revenait, 1970.

Autres éditions :

La Grande et la Petite Manœuvre, Cahiers de la Pléiade, hiver
1950 ; *Opéra,* décembre 1950.
Le Désordre, Éléments, n° 1, janvier 1951.
Comme nous avons été, La Nouvelle N.R.F., n° 3, 1er mars
1953, pp. 431-445.
Tous contre tous, L'Avant-Scène, 25 mai 1953.
Le Professeur Taranne, Théâtre populaire, n° 2, juillet-août
1953.
Le Ping-Pong, L'Avant-Scène, mars 1955.
Paolo Paoli, Théâtre populaire, n° 22-23, janvier-mars 1957.
*Théâtre de Société : Intimité, Je ne suis pas français, La Com-
plainte du ridicule,* Les Éditeurs français réunis, décembre
1958, Petite Bibliothèque républicaine.
Les Apolitiques, La Nouvelle Critique, n° 101, décembre 1958.
Le Printemps 71, Théâtre populaire, n° 40, 4e trimestre 1960.
La Politique des restes, Théâtre populaire, n° 46, 2e trimestre
1962.
En fiacre, L'Avant-Scène, n° 294, septembre 1963, pp. 39-46.

Théâtre radiophonique :

Il a été édité par André Dimanche, Marseille, 1997. Sauf
Les Fêtes de l'Indépendance, pièce diffusée en 1952 par Radio-
Stuttgart, les autres pièces ont été diffusées sur les antennes
de la R.T.F. : *L'Agence universelle* (1953), *Le Temps vivant*
(1963), *En fiacre* (1963), *Finita la commedia* (1964).

II. LES ESSAIS ET ÉCRITS AUTOBIOGRAPHIQUES
D'ARTHUR ADAMOV

Poèmes, Cahiers du Sud, 1933.
L'Aveu, Le Sagittaire, 1946.
Strindberg, L'Arche, « Les Grands Dramaturges », vol. 6, 1955.
La Commune de Paris. 18 mars-28 mai 1871. Anthologie, Édi-
tions sociales, 1959.
Ici et maintenant, Gallimard, collection « Pratique du théâtre »,
1964.

L'Homme et l'Enfant, Gallimard, collection Blanche, 1968 ; réédition dans la collection Folio, 1981.
Je... Ils..., Gallimard, 1969 (contient *L'Aveu, Ils*) ; L'Imaginaire, 1994.

III. ENTRETIENS

Entretiens avec Georges Charbonnier, radiodiffusés les 23, 24, 25, 26 et 27 février 1964, conservés à l'I.N.A., édités sur CD par André Dimanche, Marseille, 1997.

IV. TRADUCTIONS

Jung, *Le Moi et l'Inconscient*, Gallimard, 1938.
Rilke, *Le Livre de la pauvreté et de la mort*, Alger, Charlot, 1941.
Büchner, *La Mort de Danton, Le Monde illustré théâtral et littéraire*, nᵒ 35, 13 novembre 1948 ; L'Arche, 1953.
Kleist, *La Cruche cassée, Théâtre populaire*, nᵒ 6, mars-avril 1954.
Strindberg, *Le Pélican, Théâtre populaire*, nᵒ 17, 1er mars 1956.
Gogol, *Les Âmes mortes*, Lausanne, La Guilde du Livre, 1956 ; Verviers, « Marabout Géant », nᵒ 148, 1962 ; Paris, Club des Libraires de France, illustrations de Chagall, 1964.
Gorki, *Les Ennemis, Théâtre populaire*, nᵒ 27-28, novembre 1957-janvier 1958.
Strindberg, *Père*, L'Arche, 1958.
Gorki, *La Mère*, Club Français du Livre, 1958.
Gorki, *Vassa Geleznova*, L'Arche, 1958.
Tchekhov, *L'Esprit des bois*, Gallimard, Le Manteau d'Arlequin, 1958.
Tchekhov, *Théâtre*, Club Français du Livre, 1958 ; Lausanne, Éditions Rencontre, 1965.
Gogol, *Le Revizor*, L'Arche, 1959 ; *L'Avant-scène* (1er mars 1958).
Gorki, *Les Petits Bourgeois*, L'Arche, 1958 ; *L'Avant-scène* (15 octobre 1959).

Gontcharov, *Oblomov*, Club Français du Livre, 1959, Lausanne, Éditions Rencontre, 1967.

Gogol, *Cinq récits*, Club des Libraires de France, 1961.

Piscator, *Le Théâtre politique*, L'Arche, 1962.

Dostoïevski, *Crime et châtiment*, Club Français du Livre, 1964; Lausanne, Éditions Rencontre, 1967.

Frisch, Max, *La Grande Muraille*, en collaboration avec Jacqueline Autrusseau, Gallimard, 1969.

IV. À PROPOS D'ADAMOV

Adamov, Jacqueline : « Censure et représentation dans le théâtre d'Arthur Adamov », in *L'Onirisme et l'Insolite dans le théâtre français contemporain*, Actes du colloque de Strasbourg publiés par Paul Vernois, nº 14, Éditions Klincksieck, Paris, 1972.

Blin, Roger, *Souvenirs et propos recueillis par Lynda Bellity Peskine*, Gallimard, collection Blanche, 1986.

Chahine, Samia Assad, *Regards sur le théâtre d'Arthur Adamov*, Nizet, 1981.

Dort, Bernard, *Théâtre réel-Essais de critique 1967-1970*, Seuil, 1971, pp. 190-199.

Gaudy, René, *Arthur Adamov*, Stock, 1971.

Hubert, Marie-Claude, *Langage et corps fantasmé dans le théâtre des années cinquante : Ionesco, Beckett, Adamov*, Corti, 1987.

Mélèse, Pierre, *Arthur Adamov*, Seghers, « Théâtre de tous les temps », 1973.

Pierrot, J., « Névrose et rêve dans l'univers dramatique d'Adamov », *Travaux de linguistique et de littérature*, vol. X, fasc. 2, (publiés par) le Centre de philologie et de littératures romanes de l'Université de Strasbourg, (en dépôt) Klincksieck, 1972, Série « Études Littéraires », pp. 257-273.

Regnault, Maurice, « Arthur Adamov et le sens du fétichisme », *Cahiers Renaud-Barrault*, nº 22-23, 1958.

La Nouvelle Critique : numéro spécial Arthur Adamov, août-septembre 1973.

NOTES

Nous adoptons ici l'édition de 1953 (Gallimard, collection Blanche). Des modifications par rapport au texte original (Charlot, 1950) y ont été introduites par Adamov qui, visiblement, tient compte du passage à la scène intervenu entre-temps. Ces variantes ont eu pour but de clarifier, tout en les simplifiant, tant les indications scéniques concernant décor et jeu que le dialogue. Le rôle muet de l'Inconnue, qui a dû apparaître superflu sur le plateau, a disparu. Dans le décor, une devanture de magasin, inutile pour le jeu, a été supprimée, sans doute en raison du réalisme qu'elle introduisait. Au sein du dialogue ont été supprimés quelques passages jugés vraisemblablement bavards par Adamov qui recherchait la rapidité dans l'échange des répliques, plus efficace pour lui que de longues tirades.

Page 53.

1. Dédicace : Adamov est lié d'amitié avec Marthe Robert depuis 1935, époque où il l'a rencontrée au Dôme. Dans son journal, *L'Homme et l'Enfant*, il en brosse le portrait suivant : « 1935. Marthe Robert, bas noirs, cheveux dénoués — elle fait penser à une héroïne du muet —, lit Montaigne. À un autre bout du *Dôme*, j'écris. De l'endroit où je suis, je ne la vois pas.

» J'entends Artaud qui m'apostrophe : "Adamov, vous vous rendez compte, quelqu'un qui lit Montaigne aujourd'hui." Il vient vers moi : "Une jeune et jolie femme, je l'ai engueulée et impressionnée à coup sûr." Artaud a un rendez-vous au *Sélect*, il me quitte.

» Curieux, je me lève pour voir la jeune et jolie femme. Je reconnais Marthe, me mets à rire. »

C'est avec l'aide de Marthe Robert qu'après la guerre Adamov parviendra à faire sortir Artaud de l'asile de Rodez.

Page 54.

1. Lili : dans l'édition d'origine, Adamov orthographie différemment le nom de l'héroïne, «Lily», lui donnant alors une consonance anglaise qu'il effacera ensuite. Quand il dresse la liste des personnages, il met en relief les quatre protagonistes qu'il isole des «petits rôles», selon ses propres termes.

2. Jean Martin, qui a participé avec passion à l'aventure de l'avant-garde des années cinquante (voir aussi Historique et poétique de la mise en scène, p. 129), créera, l'année d'après, un autre grand rôle, celui de Lucky, dans *En attendant Godot* de Beckett.

3. Seule Lili est dotée d'un nom propre, car elle est l'objet de tous les désirs. Ce choix du diminutif, allusion à peine voilée à Lulu, l'héroïne éponyme de Wedekind, pièce de 1913, souligne la vulgarité du personnage. Les autres personnages, qui gravitent tous autour de Lili, la femme fatale, sont désignés par leur fonction sociale (l'Employé, le Directeur, le Journaliste, la Pauvre Prostituée), sauf N. qui n'en a pas, son initiale le présentant à la fois comme celui qui dit non et comme l'héritier des héros expressionnistes dont le nom est bien souvent réduit à une lettre.

4. Pierre Le Proux : le même acteur cumule trois rôles, incarnant successivement trois figures du patron, puisque le Directeur de «l'Avenir» devient à certains moments le Chef de réception ou le Gérant. Adamov suggère ainsi que tous les patrons ont même comportement. Inflexibles, ils sont indifférents aux malheurs de leurs subordonnés. C'est là un procédé qu'Adamov reprendra à maintes reprises,

dans *Le Sens de la marche*, où un même acteur incarne successivement quatre figures de la loi (le Père, le Commandant, le Prédicateur, le Directeur d'école) toutes aussi dures et impitoyables, dans *Les Retrouvailles*, où la même actrice incarne deux figures maternelles aussi tyranniques l'une que l'autre (la Plus Heureuse des Femmes et la Mère).

5. Maria Helena Vieira da Silva, peintre abstrait d'origine portugaise (née à Lisbonne en 1908 et décédée à Paris en 1992), a créé toute son œuvre à Paris où elle s'installe dès 1928. Fascinée par la magie de la scène, elle la transpose sur la toile dans une sorte de machinerie optique. Elle a peint à maintes reprises des villes inhumaines, à l'image de celle de *La Parodie*, par exemple *La Rue le soir* (1936), *Le Métro* (1942), *La Gare Saint-Lazare* (1949), *Le Promeneur invisible* (1951), *La Gare inondée* (1956), *Les Grandes Constructions* (1956).

Page 56.

1. « La rafle sévit dans la ville... » : Adamov transpose ici ses souvenirs de la guerre, notamment son séjour à Marseille où il s'était réfugié en 1941, fuyant Paris occupé. Il écrit dans *L'Homme et l'Enfant* : « Novembre 1941. Marseille. La rafle dans les rues à toutes les heures du jour, comme autrefois. Heureusement, j'ai un papier dont je ne me sépare jamais et où il est bien spécifié que je peux "demeurer dans les Bouches-du-Rhône pour une durée indéterminée". »

2. Le dernier paragraphe ne figure pas dans la première édition.

3. Dans la première édition, Adamov commente longuement ses indications de décor. Il est plus concis dans l'édition de 1953 mais témoigne du même souci d'irréalisme.

4. « Des angles de vue... » : Adamov emprunte ici son langage au cinéma qui, techniquement, a toutes facilités pour multiplier les angles de vue.

Page 57.

1. «Une horloge... dont le cadran ne porte pas d'ai-guilles» : Adamov porte à la scène un thème dont jouent tous les auteurs dramatiques de l'avant-garde dans les années cinquante, le dérèglement du temps objectif. En 1950, Ionesco place dans *La Cantatrice chauve* une horloge qui «sonne tant qu'elle veut», qui a «l'esprit de contra-diction». La pièce s'ouvre sur les dix-sept coups retentis-sant de la pendule que l'héroïne, Mme Smith, commente en ces termes : «Tiens, il est neuf heures!» En 1953, dans *En attendant Godot*, Beckett crée lui aussi des protagonistes totalement désorientés dans le temps.

Page 58.

1. Le port d'espadrilles, qui laisse supposer que c'est l'été, est une indication temporelle précieuse.

Page 60.

1. Le costume (de N.), clownesque, évoque celui de Charlie Chaplin, cinéaste qu'Adamov affectionnait. À la fin de sa vie, alors qu'il est très malade et doit se soigner à la montagne, dans la partie de son journal (*L'Homme et l'Enfant*) datée d'août 1967, il lui rend ce vibrant hom-mage : «L'autobiographie de Charlie Chaplin. Comme ce livre me secourut, lors de nos affreuses vacances imposées (la pleurésie, la Suisse, les montagnes)! Tous les soirs, à Verbier, le Bison s'asseyait à mes côtés et m'en faisait la lecture à haute voix. Instants privilégiés.»

Page 61.

1. Dans son exaltation, l'Employé parle de Lili comme d'une apparition divine, nimbée d'une auréole, ce qui ne peut manquer de faire sourire le lecteur et les spectateurs tant ces propos contrastent avec la personnalité de Lili, dame de petite vertu.

Page 62.

1. «Davantage de commissions» : cela signifie que l'Em-

ployé, qui était jusque-là salarié, touchera désormais un salaire fixe moindre, mais sera intéressé au bénéfice, c'est-à-dire touchera un pourcentage, sous la forme d'une commission, chaque fois qu'il effectuera une transaction nouvelle pour la maison dont il est le représentant.

2. Ce sont là des termes empruntés au jeu de cartes, le rouge désignant le cœur et le carreau, le noir le trèfle et le pique. Dans l'édition d'origine, ces termes réapparaissent, de façon plus explicite, au troisième tableau, où l'Inconnue est assise devant un jeu de cartes.

Page 63.

1. Allusion à la grave crise du logement que connaît la France dans l'immédiat après-guerre, beaucoup d'immeubles ayant été bombardés.

Page 67.

1. Par cette allusion aux ciseaux, Lili devient une image de la Parque qui coupe le fil de la vie.

2. Adamov attribue à N. bon nombre de ses souffrances personnelles qu'il a tenté d'exorciser, une dizaine d'années auparavant, dans l'écriture de *L'Aveu*. Il y a montré qu'il avait lui-même vécu les tourments de la relation masochiste avec la femme : « La hantise qui veut que je me prosterne sans cesse devant l'objet de mon amour, mon besoin d'être humilié par la femme désirée, m'initie au sens terrifiant de la chute. Ce besoin morbide de tomber aux pieds de la femme en laissant tomber toute dignité m'apprend ce que tomber veut dire. »

Page 72.

1. « Je pourrais tout supporter, sauf d'être immobilisé… » : cela annonce le septième tableau où l'Employé, qui n'est plus que l'ombre de lui-même, sort de maladie.

Page 73.

1. « Elle viendra, elle ne peut pas ne pas venir » : cette réplique de N. est une citation du *Songe* de Strindberg au

quatrième tableau. C'est la phrase que prononce l'Officier qui attend en vain, depuis des années, devant la porte de l'Opéra, Mademoiselle Victoria, la chanteuse dont il est amoureux : « Et alors, elle ne peut pas ne pas venir ! » Adamov, rappelons-le, avait été très impressionné par la création du *Songe* par Artaud au Théâtre Alfred-Jarry en 1927.

Page 76.

1. Dans l'édition originale, les trois personnages qui passent successivement devant la table de l'Inconnue qui a étalé des cartes devant elle sans les retourner voient un jeu différent. La femme du premier couple y voit des trèfles qui, dit-elle, portent chance, la femme du second couple y voit des piques qui portent malheur, l'Employé y voit des cœurs qui annoncent le triomphe de l'amour. La vision des personnages, subjective, n'est que le produit de leur imagination, puisque les cartes ne sont pas retournées. Chacun voit ce qu'il désire voir.

Page 80.

1. « Vous êtes insatiable ! » : Adamov se souvient ici de la nouvelle de Kafka, intitulée *Devant la loi*, où un homme de la campagne assiège et questionne en vain depuis des années le gardien de l'une des portes de la loi : « Que veux-tu savoir encore ? » demande le gardien. « Tu es insatiable. » Il mourra sans avoir pu entrer et sans obtenir de réponse.

Page 82.

1. Nous nous retrouvons ici dans le même square qu'au deuxième tableau. Du temps a passé puisque l'arbre a jauni. C'est l'automne, tandis qu'au tout début de la pièce, c'était l'été, comme semblent en témoigner les espadrilles que porte l'Employé au Prologue, puis l'hiver au premier tableau, si l'on en croit les voix d'hommes qui appellent Lili en criant : « Le soleil d'hiver frappe nos verres. » L'Employé et N. attendent toujours Lili, dans une attitude immuable, comme si pour eux le temps n'offrait aucune possibilité de changement.

Page 85.

1. « Un nom… léger. Deux L » : Adamov joue ici sur les homophonies, « L » et « aile » se prononçant exactement de la même façon. Lili, dont le nom s'écrit avec deux « L » est ironiquement comparée à un ange, doté de « deux ailes », par le Journaliste.

Page 86.

1. N. étend les bras, dans l'attitude du Christ sur la croix, mimant ainsi son calvaire, posture qui annonce celle qu'il aura dans la mort au douzième tableau.

2. En montrant N. qui se confesse, Adamov parodie les termes de la confession : *mea culpa, mea maxima culpa.* Ce sentiment de culpabilité qu'Adamov prête à N., il l'a lui-même douloureusement éprouvé tout au long de son existence. Voici ce qu'il confie dans *L'Aveu* : « Ainsi, il est trop évident qu'à la racine du mal qui m'étreint règne la conscience d'une faute et que cette faute est apparentée au mystère du sexe. Comment rendre compte autrement de mon étrange besoin d'humiliation devant la femme et les plus aveugles objets soudain chargés de tout le poids d'inconnu de la peur qui m'habite ? Il me faut inéluctablement expier une faute qui semble incomber à la chair. Mais la chair n'est qu'un relais dans la chaîne sans fin des réalités qui sont symboles les unes des autres. Il faudrait savoir ce qui se cache derrière le dernier symbole. »

Page 87.

1. « Vous êtes précisément dans cet état » : Adamov prête à N. le tremblement angoissé qu'il a lui-même éprouvé lors de l'attente fiévreuse de la femme aimée. Il confie dans *L'Aveu* : « Rendez-vous dans un café. J'attends. Tu ne viens pas. Insupportable tourment de l'attente. Je ne suis plus maître de mes nerfs. À mon insu, cette nervosité se dénonce par un tremblement involontaire de mes mains. Ce n'est qu'après un certain laps de temps que je prête attention à ce tremblement. Ces mains sont bien les miennes. C'est bien ma nervosité qu'elles traduisent. Cela ne fait pas de doute. »

Page 95.

1. Il s'agit du Directeur du journal « l'Avenir » qui a pris un autre nom, « Demain », comme le prouve cette réplique du Directeur au onzième tableau : « Nous avons décidé d'augmenter le nombre de pages du journal. "Demain" est trop mince. Autrefois "l'Avenir" l'était aussi, je sais bien. »

Page 102.

1. « Il faut payer… » : ces paroles de N., lourdes d'amertume, sont à double sens. Disant à la Pauvre Prostituée : « Il faut payer, toujours payer », il fait allusion tant à la vénalité de l'amour qu'au sentiment de culpabilité qui le ronge. La Pauvre Prostituée qui ne le connaît pas ne les interprète que dans le premier sens.

Page 104.

1. Cette entrée en scène des ouvriers du Service d'assainissement préfigure le finale. Ici, « ils balayent la scène bien qu'il n'y ait rien à balayer », tandis qu'à la fin du dernier tableau, il y aura un cadavre à balayer.

Page 105.

1. Dans cette scène où l'Employé supplie l'Avocat et se montre totalement démuni, car la situation dans laquelle il se trouve est incompréhensible, Adamov se souvient du *Procès* de Kafka. L'Employé, confronté comme Joseph K. à une justice aveugle, ne sait ni de quoi il est accusé ni pour combien de temps il est en prison.

Page 108.

1. Le décor se rétrécit en ce onzième tableau comme une peau de chagrin, à l'image de la vie des personnages qui, totalement usés, s'acheminent inexorablement vers leur fin, tandis que la musique, symbole de l'énergie vitale et de la joie, est supprimée.

Page 114.

1. « On reprend parfois mes idées… » : Adamov est

hanté par le plagiat, thème qu'il portera à la scène dans *Le Professeur Taranne* où son héros, Taranne, obscur professeur d'université, est accusé d'avoir plagié la thèse d'un professeur célèbre.

Page 116.

1. Si l'on en croit Roger Blin, le sort final de N., dont le cadavre est emmené par les ouvriers du Service d'assainissement, est inspiré à Adamov par un spectacle des rues de Paris qui l'amusait beaucoup : « Ça paraissait drôle à Adamov ces voitures sophistiquées qui arrosaient la ville. Et, dans la mesure où N. se roulait dans la rue et se considérait comme une merde, l'idée lui était venue d'attribuer à N. le désir d'être emporté par une de ces machines. Liquidé comme ça » (in *Roger Blin Souvenirs et propos*, recueillis par Lynda Bellity Peskine, Gallimard, 1986).

RÉSUMÉ

La pièce s'ouvre par un Prologue où Lili, jeune femme à l'allure de mannequin, se produit dans un spectacle. Arrive l'Employé, plein d'allant, dans cette ville qu'il ne connaît pas où il espère rencontrer l'amour. Il semble totalement insouciant des dangers de la rafle qui y sévit.

PREMIÈRE PARTIE

L'action proprement dite ne commence qu'au premier tableau, quelque temps après, lorsque l'Employé, déclare à Lili son amour. Elle s'échappe, riant de sa naïveté, et passe ensuite devant un autre homme, N., tout dépenaillé. Affalé contre un arbre, il l'attend avec impatience. Masochiste, il ne rêve plus que de mourir de sa main. Elle se moque de lui, ne le prenant pas davantage au sérieux, et part en courant rejoindre en coulisses d'autres hommes qui l'appellent.

Le lendemain, au deuxième tableau, l'Employé, arpentant la ville à la recherche de Lili, passe devant N. à qui il confie son amour, ne se doutant pas que c'est de Lili que N. est amoureux lui aussi.

Au troisième tableau, Le Directeur du Journal «l'Avenir», épris de Lili, et le Journaliste sont assis dans un dancing. Lorsque arrive Lili, elle danse avec le Journaliste qui lui fait une cour discrète à laquelle elle paraît sensible. L'Employé, qui entre alors, toujours à sa recherche, se fait refouler par le Directeur de « l'Avenir » devenu brusquement le Gérant du dancing.

Au quatrième tableau, l'Employé, qui a rendez-vous avec Lili, entre dans un hôtel pour réserver une chambre. Il y questionne le Journaliste pour savoir s'il n'a pas vu la femme qu'il aime. Ce dernier le met en garde, de façon sibylline, lui conseillant de ménager ses forces.

Quelques mois après, au cinquième tableau, l'Employé se retrouve face à N., et s'enquiert auprès de lui pour savoir si sa bien-aimée est venue. Comme N. n'est pas capable de le renseigner, l'Employé se met en colère et part en courant, à la recherche de Lili. Arrive le Journaliste qui tente de convaincre N. de sortir de sa passivité s'il veut conquérir Lili.

Au sixième tableau, N. arrive dans le bureau du Directeur de « l'Avenir », où il demande en tremblant des nouvelles de Lili. Celle-ci fait alors irruption et se moque de lui. Après un mois, qui sépare les deux épisodes, c'est l'Employé qui se retrouve devant le Directeur de « l'Avenir », devenu le Directeur de l'Agence d'Isolation Thermique pour laquelle il travaille. Menacé de licenciement, il se justifie de n'avoir pas encore négocié d'affaire importante face à son patron qui garde un silence inquiétant. Dans ce tableau, les deux héros mis en accusation, l'un par la femme qu'il aime, l'autre par son employeur, tentent vainement de se disculper.

DEUXIÈME PARTIE

Au septième tableau, l'Employé vieilli, qui sort de maladie, erre dans la ville à la recherche d'un travail sans parvenir à trouver l'immeuble dans lequel il a rendez-vous avec un éventuel employeur. Il est toujours amoureux de Lili qui passe sans même le voir.

Au huitième tableau, où il déambule en proie à une vive agitation, deux commissionnaires se saisissent de lui avec une autorité musclée et l'emmènent.

Au neuvième tableau, N., couché dans la rue, attend encore Lili. La Pauvre Prostituée, poursuivie par la rafle, le heurte, apeurée, sans même l'avoir vu. Il la supplie de le tuer. Dans son affolement, elle ne comprend pas ce qu'il lui demande, croyant qu'il fait appel à ses services. C'est en vain qu'elle l'exhorte à la suivre pour échapper à la police.

Au dixième tableau, l'Employé emprisonné reçoit la visite du Journaliste qui a pris l'allure d'un avocat. Toujours aussi naïf, il est persuadé qu'il ne va pas tarder à être libéré. Le Journaliste le met en garde une seconde fois et lui fait part de ses inquiétudes en ce qui concerne le verdict du tribunal, parole qui laisse supposer qu'il ne sortira sans doute jamais de prison.

Au onzième tableau, le Directeur et le Journaliste se retrouvent à nouveau au dancing avec Lili, vieillie, mais toujours aussi frivole.

Au douzième tableau, escortée du Directeur et du Journaliste, Lili, en marchant dans la rue, heurte du pied un cadavre. Le Journaliste, qui reconnaît N., suppose qu'il a été écrasé par une voiture. Lili n'a pas un mot de pitié pour lui. Tandis que le Directeur, qui espère enfin l'emmener avec lui, est parti devant pour héler un taxi, elle demande au Journaliste, qui élude la question, s'il est toujours amoureux d'elle, puis elle s'affale sur le trottoir, dans un moment de découragement. Lorsque le Directeur l'appelle, elle part pour le suivre, mais sort dans la direction opposée. Le Journaliste sort à son tour tandis que les ouvriers du Service d'assainissement balayent le cadavre de N. comme une ordure.

COLLECTION FOLIO THÉÂTRE

Composition Interligne.
Impression Société Nouvelle Firmin-Didot.
à Mesnil-sur-l'Estrée, le 4 septembre 2002.
Dépôt légal : septembre 2002.
Numéro d'imprimeur · 60938.

ISBN 2-07-041643-7/Imprimé en France.